스님의 비밀

● 글 　　　　　　　　　　　　　　　　　　　　　　　　　**자현** 玆玄

동국대학교 철학과와 불교학과를 졸업하고, 동국대학교 불교학과와 성균관대학교 동양철학과에서 석사 학위를 받았다. 또 성균관대학교 동양철학과(율장)와 동국대학교 미술사학과(건축) 그리고 고려대학교 철학과(선불교)와 동국대학교 역사교육과(한국 고대사)에서 박사 학위를 취득하였으며, 동국대학교 미술학과(불교회화) 박사 과정을 수료했다. 동국대학교 교양교육원 강의전담교수와 능인대학원대학교 조교수를 역임했다.

현재 중앙승가대학교 불교학부에서 조교수로 재직 중이며, 대한불교조계종 월정사 교무국장, 조계종 교육 아사리, 불교신문 논설위원, 한국불교학회 법인이사 등을 맡고 있다. 학진 등재지에 140여 편의 논문을 수록했으며, 『불교미술사상사론』(학술원 우수학술도서), 『사찰의 상징세계』(문광부 우수교양도서), 『붓다순례』(세종도서 교양 부문) 등 35권의 저서를 발간했다.

● 사진 　　　　　　　　　　　　　　　　　　　　　　　　　**석공** 石公

부산 범어사에서 정진하고 있다.

2,600년의 역사와 문화 그리고
때론 오해와 실수가 만들어낸 스님들의 수행과 일상 이야기

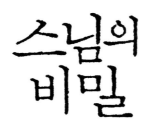

글 **자현**
사진 **석공·불교신문사**

조계종
출판사

가장 오래된, 하지만 현재 진행형인
스님들의 일상에 대한 보고서

자현 스님은 재미있고 늘 열정적이다. 평소 쉬지 않고 글을 쓰며, 강의도 한다. 이번엔 '스님'과 '스님의 생활'에 관한 책, 『스님의 비밀』을 펴냈다.

　나는 평소 2,000년이 넘게 존속되어 오는 남방불교 교단의 스님들과, 1,700년 가까이 이어오는 우리나라 스님들의 문화를 인류의 무형문화유산으로 지정해야 하지 않나 생각하곤 했다. 스님들의 헤어 스타일과 의식주 형태는 물론이고, 사찰에서 이뤄지는 각종 의식이나 생활이 천 년, 이천 년 넘게 변함없이 이어 오기 때문이다. 즉 불교가 가지는 종교적 가치나 정신문화는 논외로 치더라도 스님들의 생활문화 자체도 그만큼 소중하다는 얘기다.

　오늘날 현대인의 의식주 형태와 생활문화가 최근 100년 사이 대폭 바뀐 것에 비교하면 스님들 생활은 아직까지도 옛것 그대로를 유지하고 있다. 그래서일까? 이 오래된, 미지의 스님들 생활은 그 희소성과 특수성 때문에 많은 궁금함을 자아낸다. 그렇지만 일반인의 입장에서는 스님들의 생활에 대해 알 기회가 적고, 어디에 물어보기도 어려웠다.

이번에 자현 스님이 펴낸 『스님의 비밀』은 이러한 궁금함에 답하는 책이다.

이 책은 스님들의 일상생활을 일반인의 궁금함에 초점을 두고 흥미롭게 소개하고 있다. 스님들의 먹거리와 식사법, 입는 옷의 종류, 계율과 수계의식, 선배와 후배의 차이, 공부 과정, 취침과 기상, 법당의 예불의식, 각종 회의법, 장례의식 등…. 정말 흥미진진하다.

4개 분야의 박사 학위(계율, 문화재, 선학, 한국사)를 받은 자현 스님은 평소 템플스테이, 수련회, SNS, 대학교 강의로 젊은 학생들과 친밀한 소통을 하는 스님이다. 그래서 이 책도 해박한 지식을 젊은 감각으로 쉽게 풀어냈다.

이 한 권을 읽으면 한 달간 템플스테이를 해도 잘 모르는 스님들의 생활을 단숨에 짐작할 수 있을 것이다. 또 우리 문화이기도 한, 불교문화에 대한 지식을 살찌울 것이며, 자신 있게 지인들과 사찰 경내를 거닐고, 스님들에게도 자연스럽게 대화를 시도할 수 있게 될 것이다.

그리고 왠지 스님 생활에 끌리는 게 있으면… '출가상담번호'에 전화를 하게 될지도 모른다.

현응 / 대한불교조계종 교육원장

사찰과 스님의 역사와 일상을
당당하게 경험해 보기

큰절 법당 문이 잠긴 경우를 본 일반인들은 흔치 않을 겁니다. 한편 스님들이 참선을 하는 선방이나, 의식주를 해결하는 요사채의 문을 당겨본 사람 역시 많지 않을 것입니다. 그런 곳 앞에는 으레 '여기는 스님들의 수행 공간입니다. 발길을 되돌려 주십시오.'라는 푯말이 서 있기 때문입니다. 하지만 참배객이나 관람객의 입장에서는 절 마당의 탑이나 법당에 계신 불상만큼이나 절 안에 사는 스님들의 생활 또한 궁금할 것입니다.

이 책 『스님의 비밀』을 읽는 내내 수행 공간인 사찰의 민낯을 너무 많이 보여주는 건 아닌가 하는 생각이 들었습니다. 그러나 적어도 '스님들은 도대체 어떻게 사나 궁금해 하던 사람들이 가지고 있던 의문은 말끔히 씻어줄 수 있겠구나.' 하는 생각도 했습니다.

이 책이 무엇보다 반가웠던 건 스님들의 일생과 일상이 하나의 영상이

나 이미지로만 보이는 것이 아니라, 그 연원과 확대·축소의 분절을 경전이
나 역사를 짚어 가며 잘 설명해 주고 있기 때문입니다. 특히나 오해가 빚어
내 급기야 역사가 되었던 이야기는 일반 독자들뿐 아니라 스님들도 무릎을
치며 읽어낼 만한 대목이 아닌가 합니다.

저는 2004년부터 월정사에 '출가학교'를 개설하여, 출가 문화의 확대
와 진흥 및 사회로 다가가는 친숙한 불교를 만들어 내기 위해 노력해 왔습니
다. 출가학교는 정해진 기간에 걸쳐 사찰에 살면서 출가 문화를 경험해 보는
프로그램입니다. 하지만 그럼에도 세세한 내용을 안다는 것은 어렵습니다.
이런 점에서 이 책은 저에게도 큰 의미가 있다고 하겠습니다.

대한불교조계종에서는 올해를 출가 진흥의 해로 정했습니다. 책을 읽
는 내내 궁금함이 풀리셨다면 이제 한걸음 더 안으로 들어와 보는 것은 어떨
까요? 며칠간의 템플스테이여도 좋고, 몇 달 간의 단기출가여도 좋습니다.
또 단단히 마음먹고 더 긴 걸음을 내딛는다면, 이것이야말로 진정한 대장부
의 삶이 될 것입니다.

정념 / 월정사 주지 겸 출가학교 교장

사찰과 스님의
은밀한 생활 엿보기

선진화된 사회일수록 밤 시간에 대한 활용도는 증대하게 마련이다. 그런데 이러한 현대사회에도, 저녁 9시에 자고 새벽 3시에 일어나는 놀라운 집단이 존재한다. 바로 사찰과 스님들이다. 사찰에서는 현대사회의 변화와는 또 다른 고집스런 생활 전통이 유지되고 있다.

출가는 붓다가 제시한 인간 행복을 가리키는 가장 곧은 길이다. 그렇다면 스님들은 저녁 9시에 자는 것이 과연 행복할까? 또 그 속에서의 행복이란 과연 무엇일까? 왜 언뜻 보면, 한없이 불편할 것만 같은 문화가 사라지지 않고 수천 년을 이어 전통으로 유전하고 있는 것일까? 이러한 의문과 스님들의 생활상을 낱낱이 드러내는 책이 바로 『스님의 비밀』이다.

현대에 있어서 전통사찰은 많은 관광객이 찾는 개방된 공간인 동시에, 접근이 확고하게 금지된 영역을 가진 단절의 성지이다. 사찰은 제주도보다 가까이에 있지만, 그 속의 스님들 공간은 히말라야보다도 더 멀리에 존재하는 것이나 마찬가지다.

　우리나라에서 가장 접근하기 어려운 스님들의 생활문화에 대한 궁금증과 호기심은, 어떻게 보면 현대인들의 당연한 지적 요구이자 권리이기도 하다. 그러나 이에 대한 정보는 극히 차단되어 있고, 결과적으로 방송 등에 의해서 신비화되거나 왜곡되는 문제를 초래하기 일쑤이다.

　이 책은 스님이라는 명칭의 유래에서부터, 스님의 하루와 출가에서 입적까지 스님들의 삶의 전체를 꼼꼼히 그려 놓은 것이다. 스님의 생활 방식은 분명 도시의 현대인과 다를 수밖에 없다. 그러나 스님 역시 현대를 살아가는 이 사회의 일원이라는 점에 주목할 필요가 있다. 즉 다름의 문화 속에서도 사찰은 현대를 흘러가고 있는 것이다.

　지금까지 사찰문화와 스님의 공간에 대한 내용들이 먼 히말라야 속 설인의 이야기였다면, 이 책은 다름과 다름의 이유를 통한 의미를 환기시키고자 하는 현대인을 위한 메시지이다.

　여러분은 이제 책을 읽으면서, 같은 나라 속에 존재하지만 마치 외국과도 같은 미지의 영역으로 낭만여행을 하게 된다. 그리고 그것은 인간의 행복 추구가 만들어 낸, 또 다른 형태의 문화 구조라는 것을 이해하게 될 것이다.

동계올림픽의 땅 평창 월정사에서
부처님 오신 날에 즈음해 **자현** 씀

차례

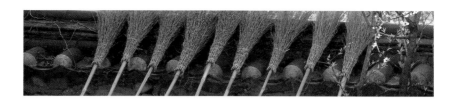

3 출가에서 입적까지

4 산사의 하루

5   한국불교의 종파와 종단 그리고 차이

스님이란 누구인가?

승가란 길드 같은
단체를 지칭하는
표현이다.

승가라는 표현은
한 사람의 승려를
의미하는 것이 아니라
불교의 수행 공동체를
통칭하는 것이다.

승가는 바로 붓다가
지향한 수행 공동체다.

스님이라는 호칭의
유래

스님에서 땡초까지

승僧이라는 단어의 기원을 찾아가려면 긴 시간 여행을 떠나야 한다. 인도에서 흥기한 불교는 실크로드를 통해 중앙아시아를 경유, 중국으로 전래된다. 승이라는 단어는 고대인도 지역에서 사용하던 언어인 산스크리트 '상가saṃgha'에서 유래했다. 이 단어는 인도에서 중국으로 바로 넘어오지 않았다. 중앙아시아라는 필터를 거친 것이다. 그 과정에서 발음이 '상그samgh' 혹은 '상크saṃk'로 바뀌었다. 중국은 불교를 받아들이면서 산스크리트에서 음역한 '승가'와 중앙아시아 계통에서 발음하던 '승', 두 가지를 모두 사용했다. 그러다 시간이 흐르면서 승가보다는 승이라는 말을 더 많이 사용하게 된다. 아무래도 한 글자가 말하기나 쓰기에 더 편했으리라.

우리는 이와 같은 예를 붓다buddha가 변한 불타佛陀와 불佛을 통해서도 확인할 수 있다. 한때 승은 승가의 축약형이고, 불은 불타의 축약형이라는 설이 상식으로 통했다. 하지만 최근의 연구 결과는 이런 설이 근거가 없음을 알려 준다. 경전 성립사를 봐도 오히려 불이 먼저 쓰였고 불타라는 단어가 후대에 등장한다.

좌종은 현재 한국의 사찰에서는 찾아보기 힘들지만 중국·일본·티베트에서는 일상적으로 사용되는 불교 의식용 도구다. 통일신라 시대 대안 스님은 현재의 좌종, 즉 동으로 된 발우를 땡땡 치면서 "대안大安, 대안大安…"을 외치며 대중을 교화한 것으로 유명하다.

승가란 길드 같은 단체를 지칭하는 표현이다. 승가라는 표현은 한 사람의 승려를 의미하는 것이 아니라 불교의 수행 공동체를 통칭하는 것이다. 승가는 바로 붓다가 지향한 수행 공동체다.

승가가 단체를 의미하므로 이것을 한자로 번역하면 집단이나 무리라는 뜻의 '중衆'이 된다. 승가의 변형이 승이라는 점을 고려하면 '승=중'이 되는 것이다. 그래서 옥편에서 한자 僧 자를 찾아보면 '중 승'이라고 표기돼 있다. 보통 '중' 하면 승려를 낮춰 부를 때 사용하는 비속어라고 생각하는 사람이 많다. 하지만 이 말의 유래를 살펴보면 중이 승보다 의미의 적합성이 더 높다는 걸 알 수 있다. 그런데 현재 스님은 존칭, 중은 속칭으로 인식되고 있어 흥미롭다.

스님을 부르는 속된 표현 중에 '땡땡이'나 '땡중'이라는 것도 있다. 이것은 신라 시대 원효 스님과 동시대 인물인 대안 스님이 동으로 된 발우를

〈노상탁발〉(신윤복, 19세기, 국보 135호, 현재 간송미술관 소장)
조선 시대 걸립乞粒의 모습을 짐작할 수 있는 그림이다.
모두 네 명이 걸립에 나섰다. 법고를 두드리는 사람은 머리를 깎았고, 탕건을 쓰고 목탁을 치는
사람, 패랭이를 쓰고 꽹과리를 치는 사람, 고깔을 쓰고 절하는 사람의 모습도 확인된다.

땡땡 치면서 돌아다닌 것에서 유래했다고 한다. 동으로 만든 발우는 현재 우리나라에서는 찾아보기 어렵지만 중국이나 일본 사찰에서는 아직도 흔히 볼 수 있다. 좌종坐鐘이 그것이다. 스님들은 좌종을 치면서 백성에게 깨침을 주기도 하고, 보시물을 얻기도 했다. '동냥動鈴'이라는 표현도 이와 관련돼 만들어진 말이다. 즉 동냥의 연원 역시 따지고 보면 인도의 탁발 문화와 연관이 있음을 알 수 있다.

또 땡중과 유사한 표현으로 땡추黨聚라는 것도 있다. 땡추의 발음이 전화된 것이 매운 고추를 가리키는 말인 땡초다. 땡추란 땡취로 땡땡이 무리, 즉 승려 무리를 가리킨다. 과거 일부 저급한 승려들은 떼를 지어 다니면서 일종의 광대짓과 걸립乞粒을 했고, 심한 경우 노략질도 서슴지 않았다. 이러한 과정에서 간혹 문제가 생기면 무리를 지어서 복수를 감행했다. 일부이기는 했지만 이들의 공격(?)이 어찌나 매서웠는지 중을 뜻하는 '땡땡이'란 말과 매섭다는 의미가 결합돼 매운 고추를 가리키는 용어로까지 변모했다고 한다.

또 이들 무리 중 일부가 변화된 것이 바로 남사당男寺黨이다. 흔히 남사당패라고 하는데, 이 말은 사찰과 관련된 남성 예인藝人 집단을 의미한다. '당'과 '패'는 모두 무리를 나타내는 말로 함께 쓰면 같은 말을 반복하는 셈이 된다. 예전에는 대규모 사찰에서 법회를 열 때 광대놀이 같은 연희적 요소를 활용했다. 이러한 연유로 여러 사찰을 유랑하는 사찰 관련 예인 집단이 존재했던 것이다. 고려 시대까지는 남사당에 속한 승려들이 무척 많았다. 이들 중에는 생계를 해결하기 위해 멋대로 출가해 제대로 교육받지 못한 이들도 상당수였다. 바로 이들이 하층 문화의 한 축을 담당하게 되고, 이들의 자취가 '남사당' 같은 명칭으로 남아 있는 것이다.

스님과 스승님은 선진 문화 전달자

조선 왕조 『태조실록』에는 당시 승려를 세 등급으로 나눈 기록이 있다. 이에 따르면 상급은 선禪 수행을 하는 선승이고, 중급은 말을 타고 다니며 경전과 법문을 설하는 강학승이며, 하급은 재 지내는 곳을 살피며 의식衣食만 신경 쓰는 승려다. 이런 기록을 보면 예나 지금이나 승려 간에 차등이 있는 것은 똑같은 것 같다. 앞서 말한 '땡땡이'는 이 세 등급에서 하급보다 더 낮은 급이라고 보면 된다.

사실 오늘날의 승려 간 차등은 과거에 비해 나아진 것이다. 불교가 국교였던 고려 시대까지는 승려들 간의 차이가 무척 심했다. 왕자나 귀족이 출가하는 경우에서부터 하층민 스스로 머리를 깎고 승려를 칭하는 일까지 있었으니, 그 차이가 오죽 심했겠는가?

이런 승려를 나타내는 표현인 '승'에 우리 식의 존칭 '님'이 결합된 말이 바로 승님이다. '승님'을 계속 발음하다 보면 스님이 된다. 이렇게 해서 생겨난 말이 승려를 부르는 가장 일반적 호칭인 '스님'인 것이다. 불교가 국교였던 신라나 고려 시대에 중이 아니라 '님'으로 존칭되는 스님은 당시 최고의 선진 지식인이었다. 이들은 중국 유학을 통해 배운 신문화와 선진 문화를 사람들에게 가르치는 문화의 전달자였다. 가르쳐 주는 사람이란 뜻의 '스승님'이라는 표현이 만들어진 배경도 이와 관련이 있다. 실제로 조선 초기의 『월인석보』나 중종 때의 『훈몽자회』에는 스승이 스님과 통하는 말이라는 점이 기록되어 있다. 즉 오늘날 우리가 자주 쓰는 표현인 스님과 스승님 모두 '승님'에서 유래했다는 말씀!

님은 존칭이기 때문에 승려를 낮춰 부르는 말로 굳어진 '중'이란 말에는 '님' 자를 붙이지 않는다. 즉 중님이라는 표현은 없는 것이다. 중에게는 존칭이 아니라 종종 하열한 사람을 지칭하는 '놈'이라는 말을 붙인다. '중놈'이라는 표현이 그것이다.

스님을 부르는
다른 이름

비구와 비구니

　　승가나 승이 단체를 의미하기에 인도불교에서는 개별 스님을
부를 때 이 말을 사용할 수 없었다. 물론 개별 스님을 부르는 존칭은 있었다.
수행이 깊은 분은 존자尊者, 출가한 지 오래돼 나이가 연만한 분은 장로長老,
학덕이 깊어서 사람들을 지도할 만한 분은 상인上人이라고 불렸다. 그러나
이는 존칭이지 개별 스님을 지칭하는 말은 아니다. 이러한 이유로 인도불교
에서는 개별 스님을 부르는 또 다른 표현이 만들어진다. 그것이 바로 비구와
비구니다. 남자 스님은 비구, 여자 스님은 비구니라고 부른다. 비구·비구니
는 정식 승려를 지칭하는 표현이다. 예비 승려는 남자는 사미, 여자는 사미
니라고 한다. 사미·사미니로 지내는 시간은 일종의 수습 기간이다. 즉 엄밀

한 의미에서 승려는 아닌 것이다. 조계종에서 사미·사미니로 보내는 기간은 보통 5년이다. 일반 직장으로 비유하면 수습사원으로 이해하면 된다. 상황을 봐서 수습사원을 정식 사원으로 임명하듯, 이 기간을 잘 거친 사미와 사미니를 정식 승려로 인정한다.

　사미와 사미니 기간에 이들은 비구와 비구니의 생활을 파악하고 이것을 감당할 수 있을지 판단한다. 즉 승려로서 자격을 갖추는 것이다. 승가는 일반 사회와 생활환경은 물론 문화가 다르다. 그렇기 때문에 이러한 준비 기간이 없으면 예비 승려들이 혼란을 겪을 수 있다. 마치 군대에서 자대 배치 후 정식 소속원이 되기 위해 일정 기간 관찰 시간을 갖는 것과 유사하다. 사미·사미니가 비구·비구니가 될 수 있는가 하는 판단은 전적으로 기존의 비구·비구니가 한다. 이는 대학원에서 박사학위를 받는 과정과 비슷하다. 박사 과정을 마친 사람이 논문을 제출하면 먼저 박사학위를 취득한 학자 다섯 명이 그 논문을 평가해 새로운 박사학위를 부여하기 때문이다. 예비 승려인 사미·사미니는 이 같은 과정을 겪어야만 비로소 정식 승려인 비구·비구니 자격을 획득한다.

　예비 승려로 지내는 기간에 여성은 남성보다 한 단계 더 검증을 받아야 한다. 바로 '임신' 여부다. 임신 여부를 모른 채 출가해 정식 승려가 되면 사찰에서 아이를 낳는 황망한 사태가 벌어질 수 있기 때문이다. 불교는 독신 출가주의를 주장하므로 이 같은 일이 생기면 소문도 소문이지만 아이 양육 등 여러 문제가 발생하는데, 이를 해결하기가 쉽지 않다. 사찰에는 아이

비구니 스님들이 발우를 들고 줄을 맞춰 이동하고
있다. 여성 출가자를 부르는 표현들에는 한 가지 공
통점이 있다. 바로 비구니, 사미니, 식차마나니 등
맨 뒤에 공통적으로 붙은 여성 명사 '니'다. 어머니,
할머니, 언니 등 여성을 부르는 우리말 역시 인도
문화에서 전파됐음을 엿볼 수 있다.

를 키울 수 있는 조건이 전혀 갖춰져 있지 않기 때문이다. 이 같은 이유로 여성 예비 승려, 즉 사미니는 임신 여부를 살펴볼 수 있는 기간을 2년간 갖는다. 이 기간이 지나면 사미니에서 식차마나니가 된다. 즉 식차마나니는 임신하지 않은 여성임이 증명된 사미니인 것이다.

임신 여부를 판단하는 기간을 2년이나 갖는 이유는 칠삭둥이나 팔삭둥이처럼 아이가 일찍 태어나는 경우도 있지만, 늦게 태어나는 경우도 있기 때문이다. 즉 판단 기간을 넉넉히 잡아 문제가 될 만한 일말의 가능성도 원천적으로 봉쇄하는 것이다.

그런데 여성 출가자를 부르는 표현들에는 한 가지 공통점이 있다. 바로 비구니·사미니·식차마나니 등 맨 뒤에 공통적으로 붙은 여성 명사 '니'다. 어머니·할머니·언니 등 여성을 부르는 우리말 역시 인도 문화에서 전파됐음을 이 같은 불교문화에서 엿볼 수 있다. '설마' 하는 사람들도 많겠다. 하지만 우리의 아궁이라는 표현도 인도 불의 신 아그니에서 왔고, 문턱 중앙을 밟지 않는 풍속도 인도에서 온 것이다. 또 고대 국가 서라벌이나 신라 및 가야의 국호 등도 모두 인도 말에서 차용된 것임을 생각할 필요가 있다. 이렇게 보면 불교가 우리와 아주 오랫동안 함께했기에 우리 문화와 분리해서 생각할 수 없음을 알게 된다.

사부대중과 칠부대중

불교를 구성하는 승려와 재가 집단을 통칭해서 사부대중이라고 한다. 사부대중은 네 종류의 무리라는 의미로 비구·비구니·우바새·우바이를 지칭한다. 이 중 우바새와 우바이는 각각 남성 신도와 여성 신도를 지칭한다. 즉 사부대중이란 출가자와 재가 신도를 통칭하는 표현인 것이다. 이 경우 사미·사미니·식차마나니는 직접 언급에서 제외한다. 이들은 큰 범주로 볼 때 비구와 비구니 안에 하위로 배속되기 때문이다.

그러나 여기에는 또 예비 승려인 사미·사미니·식차마나니를 정식 승려인 비구·비구니의 영역 안에서 이해할 수 있느냐 하는 문제도 있다. 이 같은 문제를 해소하기 위해 칠부대중이라는 표현이 생겨났다. 칠부대중은 비구·비구니·사미·사미니·식차마나니·우바새·우바이를 모두 가리킨다. 그러나 이 중에서 가장 중요한 것은 비구와 비구니다. 그렇기 때문에 이 둘을 독립해서 이부승가라고 표현하기도 한다.

마지막으로 사찰에는 이러한 칠부대중에도 속하지 않는 범주가 하나 더 있다. 바로 '행자'다. 행자란 사미·사미니가 되기 이전에 관찰 또는 유예 기간을 보내는 사람을 말한다. 조계종에서는 여섯 달간 행자 생활을 해야 사미·사미니가 될 수 있다. 붓다 당시 다른 종교에서 수행하던 이들이 붓다에 감화돼 승려가 되었으나, 이전 종교에서 익힌 습관 때문에 승단의 가치관에 혼란을 빚는 경우가 있었다. 그래서 타종교에서 전향하는 수행자들에게 넉 달간 유예 기간을 갖도록 했다. 이것이 후일 행자 문화로 이어진 것으로 보면 되겠다. 군대로 비유하자면 젊은 청년이 사회와 완전히 다른 군대 문화를 이해하는 과도기로 계급장 없는 훈련병 시절을 거치는 것과 같다. 즉 서로 다른 문화 차이의 중간 지대인 비무장 지대가 바로 행자 시절인 것이다. 그러나 행자는 예비 승려도 아니기 때문에 사찰 내에서 어떠한 신분도 보장받지 못한다. 그래서 행자의 최대 덕목은 자신을 낮추는 하심下心이어야 한다.

스님의
소임

수행 공동체의 역할 나누기

승가는 출가인의 수행 공동체다. 공동체 생활에서는 역할 분담이 필수다. 특히 인도의 수행 문화는 한곳에서 정주하는 것이 아니라, 자유롭게 이동하는 것을 선호한다. 이것을 유행流行이라고 한다. 불교는 이러한 유행 문화를 수용하는 동시에 사원에 거주하는 정주 역시 강조한다. 승려들이 이동하다가 해당 지역의 공동체에 들어가 생활하는 문화가 성립한 배경도 이와 관련이 있다. 이는 오늘날까지 만행 문화로 남아 있다.

정주와 만행이라는 두 가지 생활 방식은 각 개인들이 결정하는데, 이것은 사찰의 소속원이 계속 변할 수 있음을 의미한다. '절이 싫으면 중이 떠난다.'는 속담은 이 같은 상황을 잘 나타내 준다. 이처럼 유동성을 바탕으로 구성된 것이 바로 현전승가現前僧伽이다. 현전승가란 요즘 식으로 말하자면 한 사찰 안에 함께 사는 상주 대중을 의미한다. 이들은 수행 공동체를 유지하고, 함께 사는 기간 동안 서로의 편안한 수행을 위해 역할을 나눈다. 이것이 바로 스님들의 임무, 즉 소임이다. 소임은 당연히 출가 연수와 능력 등을 고려해 상하의 여러 역할로 나눠 정한다.

불교의 책임자와 화합승

가족을 건사해야 하는 직장인에게 직장은 쉽게 바뀌어서는 안 되는 중요한 삶의 근간 중 하나다. 직장에서 상급자(상사)는 하급자(부하 직원)에게 매우 큰 영향력을 행사한다. 업무는 기본이요 심한 경우 사생활도 간섭한다. 직장인 중에는 상급자와 업무 스타일이나 성격 등이 맞지 않아서 괴로워하는 사람이 많다. 그래도 쉽사리 직장을 그만두거나 옮기지 못한다. 생계가 달린 문제이기 때문이다. 그러나 독신 수행 문화를 가진 불교는 사찰 책임자도 소속원을 강하게 규제할 수 없다. 상급 소임자라도 하급 소임자 위에 무턱대고 군림할 수 없다는 얘기다.

실제로 불교의 군주론이 언급된 『대루탄경』이나 『기세계경』 등의 경전을 보면 '위정자는 시민이 필요에 의해 추대하며 또 시민이 위임한 권력을 통해 존재한다.'는 점을 분명히 한다. 이는 근대 마키아벨리의 『군주론』과도 비교할 수 없는 현대적 관점이 고대불교에 이미 존재했음을 의미한다.

불교는 왕권신수설을 내세우던 고대 사회에서 군림하는 군주가 아닌 섬기는 군주론을 제창했다. 상급 소임자의 역할이 승가 전체의 화합을 위해 대중을 설득하고 이끌어 가는 것으로 정착된 것도 이러한 배경과 관련이 있다.

승가에서 가장 중요하게 여기는 덕목은 화합이다. 여기에서 '화합'이란 만장일치를 뜻한다. 어떤 결정을 내릴 때 다수결의 원칙을 적용하는 경우 언제나 소수에 대한 존중을 강조한다. 그러나 현실적으로 다수결의 원칙을 따르다 보면 소수를 존중하기보다 다수의 폭력으로 경도되기 쉽다. 그런데 만장일치 방식으로 결정을 내리면 그룹 관리자는 모두를 안고 가기 위해 언제나 솔선수범하는 낮은 자세로 임할 수밖에 없다. 만장일치 방식을 적용하는 경우, 단 한 명이라도 반대하면 의사 결정을 할 수 없기 때문이다. 이는 군림하는 소임자가 아닌 배려하고 설득하는 소임자상을 만들어 낸다. 이것이 붓다가 원하는 이상적 조직과 관리자의 모습인 것이다.

물론 조직의 규모가 큰 경우 만장일치 방식으로 의사 결정을 할 수 없다. 그러므로 불교는 중간 규모 이하의, 성향이 유사한 사람들에 의한 현전승가를 권장했다. 즉 화합승의 만장일치란 모든 승가 전체에서가 아니라 현전승가에서만 이루어지면 되는 것이다. 요즘으로 말하면 사찰 안에서 같이 거주하는 스님들끼리 서로 화합하며 정진하면 된다는 말이다.

붓다는 수행 단체가 개인의 희생 위에 존재해서는 안 된다고 생각했다. 승가는 수행의 편리와 행복을 위해 존재해야 한다는 것이 단체에 대한 붓다의 기본 이념이었다. 이와 같은 붓다의 관점을 바탕으로 오늘날까지 전해진 전통이 바로 승단이다.

한국 사찰의 소임

작은 사찰이야 가내 수공업 같은 상황이므로 스님들의 소임을 명확하게 구분하지 않는다. 그러나 본사와 같이 일정 규모 이상의 사찰에서는 스님의 역할을 여러 가지로 나눈다. 기능에 따른 기업의 조직 구조를 생각해 보면 되겠다.

본사의 수장은 본사 주지가 맡는다. 본사 주지의 공식 명칭은 '교구장'이다. 교구를 관할한다고 해서 붙여진 이름이다. 다만 본사 주지라는 말이 사람들에겐 더 익숙하다. 본사는 오십에서 백여 개의 말사를 관리한다. 말사의 책임자는 말사 주지다. 즉 주지는 본사를 총괄하며 말사를 거느리는 본사 주지와 말사만을 관리하는 말사 주지로 나눌 수 있다. 본사는 행정 조직으로 말하자면 일종의 광역시에 비유할 수 있다. 본사 주지의 역할은 광역시장과 유사한 것으로 이해하면 된다.

본사 안에는 여러 조직이 존재한다. 이 중 가장 대표적인 것이 선원과 강원(승가대학)이다. 선원은 참선하는 스님들이 계시는 곳으로, 총괄자는 선원장이라는 직함을 갖는다. 강원은 스님들의 교육을 담당하는, 서당 같은 전통 교육 기관으로 이곳의 책임자는 강주講主라고 한다. 그러나 요즘은 강원의 명칭을 '승가대학'으로 변경해 부른다. 이에 따라 책임자의 명칭 역시 강주에서 학장으로 변경되었다. 선원과 승가대학은 본사 안에 있지만 각각 수행과 교육이라는 별도의 위상을 가지므로 독립적이다. 선원장과 학장 역시 본사 주지에 준하는 위계를 갖는다. 물론 본사의 여건과 상황에 따라 선원과

金井叢林龍象榜

方丈 知有大宗師

禪德 一源禪師

首座 仁覺禪師

維那

禪賢

悅衆 空摩和尚

清衆 性久스님

書記 玄如·雪總스님
　　　星月사미

獻食 曉明和尚

立繩 雪虎스님·晩惺사미

察衆 訥宙사미

知客 是香사미

持殿 晩岩·法觀·松巖和尚
　　　日剛·祗祥스님
　　　覺一·訥垠·梵海·海月
　　　是香·頂進·訥山·星月사미

看病 無修사미

茶角 眞默·弘破·法讚·自明사미

侍者 本默·日智·光睦스님
　　　正念스님
　　　賢庵·晩泉·修觀·訥山
　　　空性·頂圓·虛山·壁海사미

鐘頭 頂圓사미

鼓頭 訥山사미

淨桶 晩成和尚
　　　日責·鶴山스님

浴頭 日柱·慧天·智嚴·圓昇스님
　　　鵠能·然山사미

水頭

선방에 용상방이 걸려 있다.
가장 높은 곳(사진 오른쪽)에 방장을 시작으로 개인의 소임이 적혀 있다.
많게는 80여 가지의 직책이 있다고 알려져 있지만, 사찰의 역할이 조금
씩 변하면서 있던 소임을 줄이거나 없던 소임을 늘리기도 한다.

승가대학 중 하나만 두거나 둘 다 두지 않는 경우도 있다.

참선과 교육 이외의 본사 일을 처리하는 조직은 크게 일곱 개 국으로 구성돼 있다. 보통 '7국'으로 부르는데, 기획국·총무국·교무국·재무국·사회국·포교국·호법국이 여기에 해당한다. 이 중 총무국·교무국·재무국, 세 곳은 핵심적 역할을 맡았다고 해서 '삼직三職'으로 부르기도 한다. 7국이 하는 일은 일반 관공서나 기업에서 같은 이름을 가진 조직(부서)과 비슷하다. 호법국이 조금 생소할 텐데, 호법국에서는 해당 교구 승려들의 문제점을 조정하고 징계하는 일종의 경찰·사법 기관 역할을 담당한다. 이 외에 현대 승려와 신도들의 문화적 요구를 반영해 이와 관련한 업무를 담당하는 연수국과 문화국을 두기도 한다. 연수국에서는 템플스테이 등의 연수 업무를 담당하며 문화국에서는 해당 교구가 소유한 문화재 관련 업무를 담당한다.

이 외에 본사의 의식주 관련 실무를 담당하는 스님을 원주라고 한다. 또 기도 등 신행 관련 역할을 맡은 스님은 노전爐殿과 부전副殿이라고 한다. 노전은 기도 스님 전체를 관리하는 일종의 기도팀 관리자이며, 부전은 여기에 속하는 소속원이라고 하겠다.

과거에는 이와 같은 현대적 조직 기구가 없었기 때문에 전통적 조직 기구로 운영했다. 이때는 함께 사는 대중이 모두 모여서 '용상방龍象榜'이라고 하는, 일종의 소임 관련 역할 분담 기구표를 만들었다. 이를 '용상방을 짠다.'고 해서 '방짠다.'고 표현한다.

이때 중요한 소임으로는 주지 이외에 사찰 내의 기강을 담당하는 (도)

유나都維那와 원로격인 상좌上座가 있다. 이렇게 구성할 경우에는 주지를 사주寺主라고 했는데, 사주를 유나·상좌와 합해서 삼강三綱이라고 한다. 즉 사찰의 세 가지 중요한 기준이 되는 직책이라는 의미다.

또 선원이나 승가대학에는 반장이나 학생회장 같은 역할을 맡은 입승立繩이라는 소임도 있다. 유나나 상좌는 요즘은 명칭만 남고 사라진 소임이지만, 입승은 현재에도 건재한 중요한 소임이다.

이 외 본사 주지보다 높은 위계로 덕이 있는 분을 회주會主라고 한다. 기업에 비유하면 본사 주지는 실질적 회장이며 회주는 명예회장 정도로 이해할 수 있다. 또 참선하는 스님들이 계시는 선원의 총괄자인 선원장 위에도 조실祖室이라는 자리가 있다. 한국불교는 참선을 중심으로 하는 선종이기 때문에 조실의 위계가 회주보다 높다. 본사 주지와 선원장은 위계가 비슷하지만 실질적 권한은 본사 주지가 더 많이 갖는 반면, 최고의 상징은 선원의 조실이다. 즉 이를 간략히 정리하면 본사의 위계는 '조실 → 회주 → 본사 주지' 순이며, 조실과 회주는 실무자라기보다 명예직의 성격이 강하다.

또 선원의 조실 위에 방장方丈이 있는 경우도 있다. 방장이 있는 사찰은 본사보다 사격이 높은 사찰로 이를 총림이라고 한다. 총림은 조계종에 여덟 곳, 태고종에 한 곳이 있다. 조계종 총림으로는 영축총림 통도사·해인총림 해인사·조계총림 송광사·고불총림 백양사·덕숭총림 수덕사·팔공총림 동화사·쌍계총림 쌍계사·금정총림 범어사가 있다. 태고종 총림은 태고총림 선암사다.

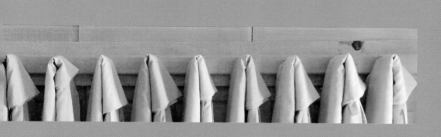

스님의
의식주

2

불교는 결핍이나
고행을 미덕으로
찬탄하는 종교가
아니다.

붓다가 주장하는 것은
집착을 여의는 것이다.

자칫 검소함 이상의
청빈은 결벽증 같은
또 다른 집착을 만들
수 있다.

붓다와
의복

가사의 기원

　인간의 삶에서 의식주는 모두 필수적이다. 하지만 세 가지 중에 무엇을 제일 중요하게 여기는가 하는 문제는 나라마다 다르다. 우리나라는 주거를 첫째로 친다. 중국은 음식이다. 인도도 음식을 우선으로 하는데, 이는 무더운 날씨 탓이다. 날이 대부분 무더우니 주거와 의복의 구속력이 음식에 비해 상대적으로 약한 것이다.

　인도불교에서는 출가 시 반드시 행사의行四依라는 것을 고지 받는다. 행사의란 승려가 최저 환경에 처했을 때 감수해야 하는 네 가지 사항을 말한다. 첫째, 옷은 주위 모은 천으로 만든 누더기를 입을 것(著糞掃衣), 둘째, 음식은 탁발에 의지할 것(常行乞食), 셋째, 주거는 나무 밑에서 할 것(依樹下坐),

넷째, 약은 소의 오줌을 발효한 약을 사용할 것(用陳腐藥)이다. 행사의는 언제나 이것만을 지키라는 의미가 아니라 최저 상황에 처했을 때 승려는 이것을 감수할 수 있어야 한다는 의미다. 그러므로 사치를 부리지 않는다면 좋은 옷을 착용해도 되고, 신도가 식사에 초청하면 가도 되며, 절에서 생활해도 무방하고, 양질의 약을 사용할 수도 있다.

불교는 결핍이나 고행을 미덕으로 찬탄하는 종교가 아니다. 붓다가 주장하는 것은 집착을 여의는 것이다. 자칫 검소함 이상의 청빈은 결벽증 같은 또 다른 집착을 만들 수 있다. 이는 오늘날 우리가 인식하는 불교의 이미지와 사뭇 다른 것이다. 『공덕분별론分別功德論』 권5에 수록된 천수보리의 이야기는 이를 잘 나타내 준다. 천수보리는 매우 지체 높은 귀족이었다가 출가한 제자였는데, 누더기를 입자 수치심 때문에 수행을 할 수 없었다. 그러자 이를 헤아린 붓다가 천수보리만은 비단 옷을 입도록 허락한다. 나중에 천수보리는 누더기에 대한 집착을 여의고 결국 깨달음을 얻는다. 그러자 붓다는 "어떤 이는 좋은 옷을 따라서 깨달음을 얻고, 어떤 이는 누더기를 입어 깨달음을 얻는다. 깨어 있는 것은 마음에 있는 것이지, 옷에 얽매이는 것이 아니다."라는 가르침을 주신다. 실제로 이로 인하여 천수보리는 '좋은 옷을 입는 자'라는 별명으로 불린다. 천수보리 일화는 붓다가 지향하는 것이 궁핍이 아니라 적절함이라는 점을 분명히 한다. 즉 많이 갖고 적게 갖는 것이 핵심이 아니라, 집착 없는 마음의 자유로움이 중요한 것이다.

그러므로 스님의 복장은 궁핍하지 않고 단정하며 깔끔해야 한다. 특히

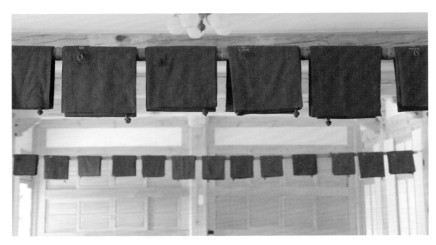

선방의 스님들이 포행을 나간 사이 가사는 옷걸이에 가지런히 걸려 있다.
인도에서 불교가 흥기한 초기부터 입기 시작한 가사는 버려진 천을 주워
서 기워 입은 것에서 유래한다. 현재 한국불교도 이런 정신을 이어 받아
정식으로 비구(니)계를 받으면 조각난 천을 잇대어 가사를 만든다.

복장을 통해 드러나는 기품은 말을 하지 않아도 다수를 교화할 수 있는 힘이 있다. 그래서 붓다 역시 스님들이 탁발하러 마을에 나갈 때는 대의大衣, 즉 일종의 코트 같은 복장을 반드시 착용하도록 했다. 대의는 우리로 치면 두루마기 정도에 해당하는 것이다. 붓다가 이 같은 조치를 한 까닭은 탁발할 때는 신도가 아닌 사람들도 만나게 되므로 위의를 통해 교화하려는 의도이다. 즉 수행자의 기품 있는 자태로 믿음이 없는 자에게는 믿음이 발하도록 하고, 믿음이 발한 자의 믿음은 견고하게 증장하도록 배려한 것이다.

가사의 변천

인도의 여름은 매우 무덥다. 그래서 몸에 달라붙지 않는 의복이 유행했다. 이를 권의형卷衣形, 즉 드레이퍼리drapery라고 한다. 긴 천으로 몸을 둘둘 감는 방식이다. 그리스·로마의 원로원 사람들 복장과 같은 것을 생각하면 된다. 또 인도의 겨울은 일교차가 무척 심하다. 이럴 때는 말아 입는 방식을 바꿨다. 더울 때는 오른쪽 어깨를 노출하고 추울 때는 양어깨를 모두 덮는 형태를 취한다.

인도의 수행자들 역시 이와 같은 의복을 그대로 수용한다. 다만 재가인들이 주로 흰색 옷을 입었다면 출가인들은 탁한 색 가사를 착용했다. 가사란 인도말 카사야kaṣāya를 음역한 말이다. 염색한 천을 다시 염색해 탁하게 만듦으로써 색이 무너졌다는 뜻이다. 당시 수행자들은 장례나 종교 의식 때 사용되고 버려진 천 등을 주워서 기워 입고는 했다. 그런데 이럴 경우 천 조각마다 색이 조금씩 달라서 의복이 알록달록해지는 문제가 있었다. 이를 해소하기 위해서 천이나 옷을 기워 만든 누더기를 황톳물에 다시 염색했는데, 이렇게 해서 탄생한 것이 바로 가사다.

그러나 붓다 당시 도시 사람들은 이 누더기 가사를 더럽게 생각했다. 붓다는 이 같은 여론을 감지해 새 천으로 정형화되고 일률적인 누더기 옷을 만드는 법을 창안한다. 이것이 붓다에 의한 복제 개혁으로, 이를 계기로 불교 가사라는 특수한 의복이 완성된다. 옷감을 황토로 염색하는 과정에서 황토 성분에 따라 붉은빛을 띠는 경우도 있고, 진한 노란빛을 띠는 경우도 있

장삼 위에 가사를 수한 모습이다. 사진 속 스님은 아직 정식으로 비구계를 받지 않은 사미 신분이다. 그렇기 때문에 장삼의 옷깃은 고동색으로 처리되어 있으며 가사는 조각이 없는 통천으로 되어 있다.

었다. 북방불교(중국, 한국, 일본 등)로는 적색과 갈색 계열의 옷이 전해지고, 남방불교(스리랑카, 미얀마, 태국 등)로는 황색 계열의 옷이 전해져 오늘에 이르고 있다.

　인도불교에서는 후일 각 지역의 환경과 문화 차이로 여러 종파가 발생한다. 이때 가사 색으로 각 종파를 구분했다. 즉 가사의 색이 각 종파를 나타내는 상징이 된 것이다. 『사분율』과 같은 율장이나 『사리불문경舍利弗問經』 및 『대비구삼천위의大比丘三千威儀』권하 등에는 인도의 가사 색으로 검은색(黑色)·진흙색(泥色)·황색·적갈색(木蘭色)·청색이 있었다는 기록이 있다. 오늘날 한국불교 종단들 사이에서 표면적으로 드러나는 가장 큰 차이 역시 가사 색인데, 이런 차이는 거슬러 올라가면 인도불교에서부터 존재했던 것이다. 가사 색으로 종단을 구분할 수는 있지만 같은 종단에 있는 스님들의 위계는 알 수 없다. 그래서 고안한 것이 가사 조각의 천과 수를 달리해서 스님들의 높낮이를 구분하는 방식이다.

가사로 확인되는 스님의 위계

언뜻 '출가한 스님들의 위계를 군이 구별해야 하느냐' 하는 생각을 할 수도 있다. 그러나 승가는 여러 사람이 함께하는 수행 공동체이기에 원활한 소통과 운영을 위해서는 서열을 정하는 일이 반드시 필요하다. 승가에서는 나이가 아니라 출가 순서에 의해 위계를 정한다. 그런데 나이와 달리 출가 순서는 겉모습으로 쉽게 드러나지 않는다. 서열을 정하기 위해 사찰에 모인 스님 한 사람 한 사람을 찾아다니며 출가한 때를 물을 수는 없는 노릇이다. 이 문제를 해결하기 위해 가사를 통해 출가 연수를 드러내는 방법을 고안해 낸 것이다. 군대를 생각해 보면 이해가 쉽다. 군대 또한 나이가 아니라 입대 시점을 기준으로 위계가 정해진다. 또 단체 생활을 해야 하므로 역할 구분의 필연성이 발생한다. 군인은 군복에 계급장을 달아 서로간의 혼란을 줄이고 위계를 분명히 한다. 이런 점에서 가사는 스님들의 계급장인 셈이다.

가사를 통해 승납을 구분할 때는 가사를 이룬 천 조각 중 세로로 된 조각 수를 센다. 가사는 세로로 다섯 개의 조각에서부터 7·9·11·13처럼 두 조각씩 차례로 늘려 최대 스물다섯 개 조각까지 만든다. 이처럼 가사 조각 수로 승납을 구분하는 방식은 중국 당나라 때 확립된 전통으로 보인다. 최고의 고승은 스물다섯 개 조각으로 된 가사를 입는다. 『고려도경』권18을 보면 국사는 스물다섯 개의 조각으로 이루어진 가사에 일월과 오악 및 산천을 수

놓은 화려한 가사(山水納袈裟)를 착용했다는 기록이 있다. 즉 가사의 조각 수로 출가 햇수를 따지는 방식은 매우 오래된 동아시아의 전통인 것이다. 이를 간략히 살펴보면 다음과 같다.

	비구 / 비구니
1급 이상	25조
1급 이상	21조
1급	19조
2급	15조
3급	9조
4급	7조
5급(사미 · 사미니)	만의(통 천으로 된 가사)

승복과 장삼

인도는 날씨가 무덥기 때문에 스님들이 가사만으로 생활해도 별 어려움이 없었다. 하지만 동아시아 스님들은 사정이 달랐다. 가사만으로는 추운 겨울을 나기 어려웠다. 그래서 평소에는 일상복(승복)을 입고, 종교 의식을 치를 때는 그 위에 장삼과 가사를 착용하게 된다. 즉 인도 승려의 일상복인 가사가 동아시아에서는 종교 의식에만 제한적으로 입는 복장이 된 것이다. 또 일상복은 회색의 승복으로 변모했다.

구한말 범어사 풍경이다.
사진 속에 있는 분은 스님으로 추정된다. 회
색으로 추정되는 색깔을 제외하면 그 시절 주
로 입던 한복과 큰 차이가 없다는 것을 알 수
있다.

선방 옷걸이에 장삼이 나란히 걸려 있다.
불교의 장삼은 중국 도교의 도사들이 입
던 품이 큰 푸른색 도포에서 유래했다.

승복은 정확하게는 불교가 우리나라에 들어올 때 우리 민족이 입었던 한복일 뿐이다. 다만 일반 한복과 다른 점은 옷감을 먹물로 염색해 회색빛이 나게 한 것이다. 승복을 염색할 때 먹을 사용하는 이유는 두 가지다. 첫째, 인도불교의 가사는 특정한 색을 무너트린 혼탁색이기 때문이다. 또 신도들이 흰색 옷을 입는 것과 달리 어두운 색을 사용했다. 즉 우리의 회색 승복에는 인도불교의 가사 정신을 계승하는 측면이 존재하는 것이다. 둘째, 먹이 염료 중 가장 구하기 쉽고 또 값이 싸기 때문이다. 최근 화학 염료가 대중화되기 전까지 염료는 비싼 물품이었다. 이런 점을 고려했을 때 청정성을 강조해야 하는 불교에서 값싼 염료인 먹을 사용하는 것은 당연한 일이다. 또 산에 있는 사찰에서도 먹은 쉽게 구할 수 있었다. 이 같은 전통 때문에 동아시아불교에서는 먹으로 염색한 승복을 입게 된다. 전통 교육 과정인 강원의 치문반에서는 『치문경훈緇門警訓』을 배우는데, 여기에서 '치문'이 바로 검은 옷을 뜻하는 말이다.

그런데 승복은 먹으로 염색하는데도 왜 검은색이 아니라 회색을 띨까? 이유는 간단하다. 검은색으로 염색해도 천연 염색이다 보니 색이 빠져서 회색이 되기 때문이다. 우리 속담에 '비 맞은 중 같다.'는 말이 있다. 이는 승려가 비를 맞아서 풀 먹인 먹물 옷이 온몸에 감기고 또 몸에도 먹물이 물들어 초라해진 모양새를 뜻한다. 즉 먹이 잘 빠지기 때문에 회색이며, 회색이지만 먹으로 염색하기 때문에 검은 옷, 즉 치의緇衣라고 하는 것이다. 『삼국사기』에는 신라에 불교를 최초로 전한 인물로 묵호자墨胡子를 들고 있다. 여기에서 묵호자는 검은 옷을 입은 이방인이라는 뜻이다. 이렇게 보면 우리나라 승려들이 검은 승복 혹은 회색 승복을 입는 전통은 최소한 1,500여 년이나 된다는 것을 알 수 있다.

승복은 일상복이라는 점에서, 종교 의식 때 이 승복 위에 곧장 가사를 착용하는 것에 문제가 있다는 시각이 있을 수 있다. 그래서 승복과 가사 사이에 장삼을 입는 문화가 생겼다. 장삼은 중국 도교의 도사들이 입던 품이 큰 푸른색 도포다. 이것이 불교로 들어오자 불교는 도교보다도 더 우위에 선다는 점에서, 장삼 위에 가사를 착용하는 것으로 일반화된다. 또 장삼 색깔은 계속해서 푸른색 계열의 쪽빛이나 옥빛이었는데, 이는 고려불화나 조선 시대 고승들을 그린 그림을 통해 확인할 수 있다. 실제로 장삼이 회색으로 바뀐 것은 최근의 일이며, 일제 강점기 때만 해도 사찰에서는 장삼을 착용하는 것이 일반적이었다. 실제로 중국이나 대만 사찰에서는 아직도 스님들이 사찰에서나 외출 시에 장삼을 착용한다. 이것이 우리나라에서 변한 것은 두루마기의 등장 때문이다. 그러나 두루마기는 대원군이 청나라에서 가져온 만주족 복장이기에 '전통 복장'이라고 하기에는 무리가 있다. 마치 현대의 스님들이 고무신을 신고는 하지만, 고무신이 오래된 문화일 수 없는 것처럼 두루마기 역시 오랜 전통을 간직한 문화는 아니라는 말이다.

사명당대선사진영
18세기 그려진 진영으로, 푸른 장삼 위에 붉은 색
가사를 착용하고 있다.

무경당관주진영
19세기에 그려진 무경 관주 스님의 진영.
회색 장삼 위에 붉은 색 가사를 착용하고 있다.
18세기에서 19세기로 넘어오면서 회색 장삼이 사용
되는 것을 알 수 있다.

붓다와
음식

인도의 탁발 문화

인도는 강우량이 많고 연평균 기온이 높아 이모작이나 삼모
작이 가능하다. 그래서 먹을거리 역시 풍부하다. 하지만 고온다습한 기후
는 음식을 쉬이 상하게 해 조리한 음식을 보관하거나 저장해 먹는 것이 어렵
다. 율장에도 아침에 짠 주스를 오후에 먹지 못하도록 한 규정이 있다. 주스
를 상온에 두면 자연 발효돼 술이 되는 경우가 있었기 때문이다. 이러한 자
연환경의 영향으로 인도에서는 음식이 필요한 것보다 많으면 보시하는 문화
가 널리 퍼진다. 인도인이 음식을 보시하는 방식은 크게 두 가지다. 하나는
수행자에게 하는 것으로, 점심을 먹기 전인 정오 이전에 한다. 즉 수행자들
에게 자신들이 아직 먹지 않은 깨끗한 음식을 보시하는 것이다. 다른 하나는

걸인에게 하는 것으로, 이때는 먹고 남은 음식을 준다.

붓다 당시 인도 스님들은 인도의 수행 전통에 따라 발우라는 식기를 들고 오전 9시에서 11시 사이에 탁발을 했다. 탁발이란 발우를 이용해 음식을 보시 받는 행위를 말한다. 9시에서 11시 사이에 탁발을 하는 이유는 이때쯤 탁발을 해야 사찰로 돌아와서 정오 이전에 음식을 먹을 수 있기 때문이다.

인도 승려들이 탁발을 하는 방법은 일반인들이 점심을 준비하는 시간에 마을에 들어가서 자신이 원하는 집 앞에 서 있는 것이다. 집 안에 있는 사람은 남을 것으로 예상되는 음식이 있으면 승려에게 주거나 아니면 아예 반응을 보이지 않는다. 그러면 승려는 얼마간 그 집 앞에서 기다리다가 다음 집으로 옮겨 간다. 이렇게 해서 자신이 먹을 만큼의 음식을 공양 받으면 탁발을 끝내고 사찰로 돌아온다.

탁발을 할 때 승려는 자신이 밖에 서 있다는 어떤 인기척도 해서는 안 된다. 그리고 음식을 받기 전에는 어떤 말이나 몸짓도 허용되지 않는다. 그저 위의를 갖추고 장중하게 서 있어야만 한다. 이러한 원칙이 생기게 된 이유는 승려의 말이나 몸짓이 음식을 주는 사람의 마음을 바꿀 수 있기 때문이다. 즉 음식을 주기 전에 승려가 가르침을 설하거나 축원을 하는 등 행동을 하면, 주는 사람은 기분이 좋아져서 음식을 더 많이 주거나 처음의 생각과 달리 좋은 음식을 줄 수도 있다. 이는 수행자에게는 음식에 대한 집착과 탐착심을 일으킨다. 탁발이 음식에 대한 집착과 탐착심을 극복하기 위한 것임을 고려해 보면 왜 이 같은 탁발 원칙이 만들어졌는지 쉽게 납득할 수 있다.

음식을 공양 받으면 승려는 반드시 가르침을 베풀거나 축원을 해 주어야 한다. 이는 그 사람을 기쁘게 하고 올바른 가르침으로 인도하기 위한 것이다. 탁발의 원칙은 물질과 정신의 교환이다. 재가인은 자신들에게 남는 음식을 승려들에게 제공하고, 수행자는 그들에게 정신적 가르침을 주는 것이다.

인도는 무덥기 때문에 정오 이후에 음식을 먹는 것을 천하게 여기는 문화가 있다. 그래서 정오 이전에 점심을 먹는다. 이 같은 문화는 오늘날 사찰에서 점심을 일찍 먹는 것으로 남아 있다.

발우의 숫자와 질료

발우공양은 인도의 탁발 문화에서 유래한 것이다. 붓다 당시의 승려들은 쇠로 만든 그릇이나 질그릇 하나로 탁발에 임했다. 인도는 흔히 카스트 제도로 알려진 신분 제도 때문에 질그릇에 유약을 바르지 않고 한 번 사용한 후 깨트려 버리는 전통이 있다. 유약을 처리해 그릇이 견고해지면 그릇을 재사용하게 되고, 그러면 천한 사람이 사용하던 것을 신분이 높은 사람도 사용할 수 있기 때문이다. 천한 사람이 쓰던 그릇을 쓰면 오염될 수 있다는 생각 때문에 인도에는 유약 문화가 존재하지 않았다. 유약을 바르지 않은 질그릇은 작은 충격에도 쉽게 깨졌다. 이 때문에 스님들은 질그릇을 선호하지 않았다. 스님들이 선호하던 발우는 철 발우였다. 말 그대로 철밥통인 것이다.

당시는 철기 시대가 전개된 지 오래되지 않았기 때문에 철 발우는 상당

한 가치가 있었다. 요즘으로 치면 명품인 셈이다. 그런데 당시 사용하던 쇠
는 무쇠였기 때문에 충격을 받으면 터진다는 문제가 있었다. 그릇이 터지면
꿰매서 사용했는데 다섯 번까지 수리했다고 하니 철 발우에 대한 애착이 대
단했음을 알 수 있다. 또 발우를 꿰매 사용했다는 것은 인도 음식이 국물 요
리가 아니었음을 의미한다. 실제로 인도에 국물 요리가 많았다면 발우를 하
나만 사용할 수 없었을 것이다. 연평균 기온이 높은 인도는 먹을거리가 풍부
하기 때문에 음식의 양을 늘리기 위해 국물 요리를 만들 필요가 우리에 비해
상대적으로 적었다. 생각해 보라. 물에 식재료를 조금 넣고 우려내 맛을 내
는 국물 요리는 다른 요리보다 식재료가 덜 들어간다. 실제로 인도 음식은
대부분 수분이 적은 편이다. 이것이 발우 하나로 탁발하는 것이 가능한 문화
를 만든 것이다.

　　그런데 추운 기후에 속하는 우리나라 사람들은 식재료가 부족했기 때
문에 국물 요리를 유난히 많이 만들어 먹었다. 실제로 우리가 먹는 콩나물국
을 생각해 보면 수분을 제외한 식재료는 불과 얼마 되지 않는다는 걸 알 수 있
다. 뜨거운 국물 음식이 많은 한국불교에서 발우를 하나만 사용하면 매일 국
밥을 먹을 수밖에 없다. 그래서 한국 스님들은 발우를 여러 개로 늘렸다. 전
통적으로는 다섯 개를 사용했다. 『삼국유사』 「백율사栢栗寺」조의 '금은오기
金銀五器'의 오기가 바로 다섯 개의 발우를 나타낸 것이다.

　　그런데 1990년대 들어 율원을 중심으로 발우를 네 개만 사용하는 것이
맞다는 주장이 많아 현재는 네 개를 사용한다. 그 이유는 붓다가 부다가야에

커다란 발우 하나를 들고 탁발에 나선
미얀마 승려의 모습.

서 최초로 깨달음을 얻은 후 14일 안에 받은 공양과 관련이 있다. 붓다에게 공양을 올린 이들은 다리부사Tapussa와 파리가Bhallika라는 대상隊商의 리더였다. 이들이 공양을 올리는데 붓다에게 발우가 없자 네 명의 사대천왕이 각각 발우를 하나씩 받들어 올렸다. 붓다는 한 명의 것만 받을 수 없어 이 네 개를 위로 포개어 눌러 하나로 만들었다. 그래서 인도불교의 발우는 하나지만 안쪽에 세 개의 테두리가 둘러져 있다고 한다. 이러한 기록을 근거로 발우는 네 개를 사용해야 한다고 주장한 것이다.

그러나 인도불교에서 발우가 네 개였던 적은 한 번도 없다. 즉 이는 억지로 꿰어 맞춘 주장에 불과하다. 우리나라에서 발우를 다섯 개 사용했던 것은 중국 문화권의 영향을 받았기 때문이다. 중국 문화권에서는 숫자 4의 발음이 죽을 사死와 같아서 이 숫자를 의도적으로 피한다. 이러한 전통은 지금도 남아 있어서 병원에는 4층이나 4동이 없다. 또 불교에서도 이 같은 전통을 살펴볼 수 있다. 사홍서원을 할 때에 전통식으로는 네 번을 하는 것이 더 타당하지만 세 번만 반배를 하는 것이나 4일이나 14일, 24일처럼 숫자 4자가 들어간 날을 삭목일削沐日로 정해 머리를 깎고 목욕을 하는 것이 그것이다. 즉 의도적으로 4를 피하는 문화가 있는 것이다. 이것이 애초에 다섯 개의 발우를 사용한 이유다.

또 우리나라 발우는 목재로 만든다. 이는 식문화 그리고 사찰이 자리한 지리적 특성과 관련이 있다. 우리나라 음식 중에는 뜨거운 음식이 많다. 또 산에 자리한 사찰에서는 다른 어떤 재료보다 나무를 구하는 게 손쉬웠을 것이다. 붓다 당시 발우와 관련된 규율을 보면 발우를 만들 때 가연성 소재를 사용할 수 없다는 조항이 있다. 인도에서는 식중독을 방지하기 위해서 탁발해 온 음식을 발우 채 불 위에 얹어 데쳐 먹었기 때문이다. 그러나 한국 사찰에서는 발우를 조리 도구로 사용하지 않았기 때문에 가벼운 목기가 유용했던 것이다. 인도와 한국 간의 문화적 흐름이나 차이를 보지 않고 무조건 '목발우는 잘못된 것'이라고 주장하는 것은 문제가 있다. 스님들의 의복이나 사찰의 건축 방식, 주거 구조 등이 붓다 당시와 비교했을 때 완전히 바뀐 상황에서 발우만 전통을 고집하며 비판하는 것은 좁은 관견管見에 불과하다.

발우공양 방법

붓다는 사찰에서 음식을 조리하는 것을 금지했다. 그 이유는 두 가지다. 하나는 사찰에서 음식을 만들기 위해서는 일종의 구내식당 같은 곳을 만들고 또 운영해야 한다. 그렇게 하면 필연적으로 수행 생활에 방해를 받는 사람이 생길 수밖에 없다. 즉 모두가 수행하기 위해서는 이 같은 구조를 만들어서는 안 된다는 말이다. 다른 하나는 사찰에서 조리해 먹으면 자칫 승가가 사회와 단절될 수 있다는 점을 염려했기 때문이다. 탁발을 하면 스님들이 불교에 대한 사회의 인식과 변화를 느낄 수 있다. 또 포교와 교화의 필연성을 인지하게 된다. 사찰에서 조리를 금한 데는 이처럼 불교의 대사회적 접촉은 물론, 신도들과 함께하려는 이유도 있었던 것이다. 왜냐하면 종교는 끊임없이 사회와 교류하면서 사회를 계몽하고 맑혀야 할 의무가 있기 때문이다.

　　그러나 인도 문화를 배경으로 하는 탁발은 동아시아로 전파되면서는 걸인 같다는 오해를 받는다. 동아시아는 추운 기후대에 속하기 때문에 먹을거리가 부족하다. 또 작물이 나지 않는 한겨울을 대비해 음식을 저장해서 먹는 방식이 발달했다. 그러므로 타인에게 음식을 요구하는 것은 걸인과 같다는 오해를 받기 쉽다. 이 같은 인식 탓에 동아시아의 사찰에서는 일찍부터 음식을 조리해 먹는 방식이 발전한다. 특히 선종 사찰과 같이 산속에서 참선을 주로 하는 곳에서는 마을과의 거리 문제 때문에 마을로 내려가 탁발을 한다는 것 자체가 불가능했다. 이러한 이유로 중국에서는 당나라 때부터 선 수행과 농사는 하나라는 선농일치禪農一致 사상이 발전해 자급자족하는 문화가 자리를 잡게 된다. 즉 탁발은 동아시아로 불교가 넘어오면서 바람직하지 않은 문화가 된 것이다. 특히 현대에는 탁발이 음식이 아니라 돈을 요구하는 행위로 바뀐 동시에, 승려의 위의를 떨어트리는 등 많은 문제를 야기하고 있다. 이 때문에 조계종에서는 아예 '승려법'을 통해 탁발을 금지하고 있다. 문화권의 차이로 인도에서는 가장 정당한 수행 방법인 탁발이 동아시아에서는 금지 활동으로까지 변한 것이다.

　　동아시아의 발우공양은 대규모 사찰 문화에서 파생된 것이다. 수도 시설이 좋지 않던 과거에는 수백 명이 동시에 설거지를 할 수 있는 시설을 갖출 수 없었다. 그러므로 식사부터 뒷정리, 즉 발우 설거지까지 최대한 간편하고 위생적인 구조를 만들게 됐다. 그것이 바로 음식의 섭취와 설거지를 앉

발우공양을 하고 있는 스님들의 모습. 수도 시설이 좋지 않던 과거에는 수백 명이 동시에 설거지를 할 수 있는 시설을 갖출 수 없었다. 그러므로 식사부터 뒷정리, 즉 발우설거지까지 최대한 간편하고 위생적인 구조를 만들게 됐다. 이것이 바로 음식의 섭취와 설거지를 앉은 자리에서 모두 처리하는 발우공양 방식이다.

은 자리에서 원스톱으로 처리하는 발우공양 방식인 것이다.

발우공양 방식은 사찰의 차 문화에서도 그대로 엿볼 수 있다. 차 역시 그 자리에서 마시고 그 자리에서 설거지까지 한 뒤 천으로 닦아 원위치에 둔다는 점에서 발우공양 방식과 일치한다. 이런 점에서 보면 오늘날의 차 문화가 사찰에서 흘러나온 것임을 분명히 알 수 있다.

붓다 당시 금지식 다섯 가지

탁발 문화에서는 일반적으로 금지식이 있을 수 없다. 음식을 직접 조리해 먹는 것이 아니라 사람들이 주는 대로 먹어야 되기 때문이다. 그것도 사람들이 음식을 주기 전에는 어떠한 말이나 행동도 해서는 안 되었으므로 금지식을 정해 거부할 수는 없다. 그런데 『사분율』 권42에는 붓다가 다섯 가지 고기를 금지식으로 정한 부분이 있다. 그것은 코끼리·말·킹코브라·개·사람 고기다. 그러나 이들 음식을 금지한 조항을 보면 이것이 당시의 생활 문화와 관련이 있음을 알 수 있다. 코끼리와 말고기는 당시 국가 차원에서 금지한 것으로 판단된다. 당시 코끼리나 말은 중요한 전투 수단이었기 때문이다. 킹코브라를 금지한 이유는 당시 킹코브라를 숭배하는 신앙인들과의 충돌을 우려한 것으로, 이 역시 일반적인 음식은 아니었다. 개고기와 사람 고기는 당시 혐오 식품이었기 때문에 금지한 것이다. 그러므로 이 또한 일반적 음식은 아니었다.

또 붓다께서 일흔두 살이 되실 때 사촌동생이자 제자였던 제바달다는 붓다에게 음식에 대해 한 가지 건의를 하며, 승단에서 그것을 받아들였으면 좋겠다고 말한다. 그 내용은 '승려는 언제나 탁발만 하며, 육식과 생선을 금지하고, 우유와 유제품도 먹지 말자.'는 것이다. 지금의 불교 상식으로 보면 이 주장이 바로 불교가 아니냐고 할지 모르지만, 붓다의 대답은 달랐다. 그렇게 하고 싶은 사람은 그렇게 해도 되고, 그렇지 않은 사람은 그렇게 하지 않아도 된다는 것이었다. 즉 그것은 개인의 자율적 판단에 맡길 문제이지 승단의 규칙으로 정할 부분이 아니라는 것이다. 여기에는 무엇을 먹느냐가 중요한 것이 아니라, 어떻게 수행하느냐가 중요하다는 판단이 깔려 있다. 또 당시 사찰에서는 음식을 조리하지 않고 주로 탁발에 의존했는데, 승려는 탁발을 할 때 음식을 선택할 수 없었다. 즉 주는 대로 먹어야 했던 것이다. 그러므로 음식을 선택하자는 주장은 당시의 수행 문화와 맞지 않았을 뿐더러 제도적으로 여러 문제점을 수반한다. 이것이 붓다가 제바달다의 의견을 수용하지 않은 이유다.

이렇게 보면, 붓다가 금지한 음식들은 당시 탁발을 통해서도 구할 수 없었던 음식이었을 것이다. 그러므로 붓다 당시는 탁발 문화의 영향으로 이렇다 할 금지식이 없었음을 알 수 있다.

시대와 지역에 따라 변한 금지식

그런데 오늘날 한국 사찰에서는 금지하는 음식이 많다. 대표적인 것이 육류와 생선 그리고 달걀 같은 알이다. 인도불교에는 이렇다 할 금지식이 없었는데, 한국을 비롯한 동아시아불교에서는 왜 몇몇 음식을 금지하는 문화가 발전했을까?

붓다가 육식 금지 의견을 수용하지 않았기 때문에 오늘날까지 남방불교에서는 나를 위해 죽은 생명이 아니라면 육식도 금하지 않는다. 그러나 북방불교에서는 육식을 금한다. 북방에서는 대승불교의 생명 존중 의식이 확대되면서 육식을 금하자는 의견을 수용했기 때문이다. 따라서 동아시아불교에서는 육식을 금하는 것을 원칙으로 한다. 이는 대승불교가 사찰에서 음식을 조리해 먹은 이후에 만들어진 후대의 주장이기도 하다. 현장은 『대당서역기』에서 인도 사찰의 음식 문화를 전하며 소승불교 사찰은 자신을 위한 고기만 아니면(정육淨肉) 먹지만, 대승불교 사찰에서는 육식을 전혀 하지 않는다고 이야기하며, 둘 간의 차이를 분명히 말한다. 그리고 이것을 두 불교의 가장 큰 차이로 인식한다. 즉 인도에서도 대승불교에서는 육식을 하지 않았던 것이다.

붓다 당시에는 본래 유목민이던 아리안 족에 의한 유목 전통이 남아 있었다. 그래서 초기 경전에는 우유나 요구르트 또는 치즈 등의 유제품에 대한 언급을 다수 볼 수 있다. 그러나 기원 전후가 되면 유목 문화가 농경문화로 완전히 변모하면서 육식을 금지하는 것이 주류가 된다. 마치 요즘 선진 사회에서 채식주의자가 늘어나는 것과 유사한 상황으로 이해하면 되겠다. 대승불교는 이 같은 문화에서 육식 금지를 채택한 것이다. 또 대승불교가 이렇게 금지식을 정할 수 있던 이유는, 기원 전후에 이미 거대한 사원들이 건립돼 탁발이 아니라 사찰에서 조리하는 것을 용인했기 때문이다. 이 같은 대승불교가 동아시아의 주류가 되면서 동아시아불교 역시 육식을 금지하게 된 것이다.

붓다는 동물은 영혼이 있어 윤회하지만 식물에는 영혼이 없다고 판단했다. 그러므로 불교에서 육식은 금하지만 채식은 무방한 것이다. 불교와 비슷한 시기에 흥기한 자이나교는 식물에도 영혼이 있다고 본다. 그래서 이들은 채소만 먹되 뿌리채소는 먹지 않는다. 예를 들면 무청은 먹지만 무는 먹지 않는다. 식물에도 영혼이 있다는 생각은 무척 흥미롭다. 그러나 채식마저도 이렇게 제한하면 인간의 삶 자체가 어려워질 정도로 많은 구속이 따른다. 이는 자칫 수단과 목적이 전도되는 결과를 초래한다.

또 불교에서는 오신채五辛菜라고 해서 매운맛이 강한 마늘과 파·부추·달래·흥거 같은 음식은 금지한다. 이 중 흥거는 우리나라에는 나지 않으며, 파는 파미르 고원이 원산지다. 파미르 고원을 총령蔥嶺이라고 하는데, 파가 많은 고원이라는 의미다. 또 우리가 부르는 파라는 명칭 또한 파미르 고원의 파에서 유래한 것이다. 이 같은 음식을 먹지 않기 때문에 사찰음식은 덜 자극적이며 담백하다. 요즘 유행하는 사찰음식 전문점들은 기본적으로 이 같은 식자재를 사용하지 않는다. 오신채를 금하는 이유가 그것들이 성욕을 강화하기 때문이라는 말이 있지만 이는 근거 없는 속설일 뿐이다. 오신채는 향이 매우 강해 향신료 같은 역할을 한다. 강한 향은 공동생활에 피해를 줄 수 있으며, 또 향신료를 사용하면 맛에 대한 탐착을 조장할 수 있으므로 금지한 것이다.

　육식을 금지하게 된 배경은 분명히 알 수 있지만 오신채는 그나마 불분명하다. 율장 같은 중요한 전적에서는 오신채 전체를 금하는 조항은 볼 수 없다. 오신채가 언급된 전적들은 후대의 불확실한 것들뿐이다. 또 오신채의 종류 역시 전적에 따라 차이가 있다. 사실 오신채는 특정 지역의 교파에서 금지한 것이 대승불교에 수용된 것이 아닌가 싶다.

　우리가 간혹 먹는 초피(제피)나 산초 또는 방하와 고소 같은 것들이 인도에서 불교를 타고 전해진 향신료 같은 음식이다. 파 역시 파미르 고원을 넘어서 실크로드를 타고 온 거대한 문화 교류의 흔적이다. 그런데 왜 하필 오신채만 금지하고 초피(제피)·산초·방하·고소는 먹게 했는지는 의문이다. 사실 맛의 강렬함으로만 따진다면 오신채보다 이런 음식들이 훨씬 더 강하기 때문이다. 그러므로 오신채를 금지하는 것은 인도의 지역적 특색이나 전통 문화와 관련된 것이 아닌가 하는 추정이 가능하다. 그러나 현재로서는 이 문제를 정확히 알 방법이 없다. 다만 오신채라는 글자에서 알 수 있듯이 이것들이 '매운 음식'이기 때문에 금지한 것이라면, 이것이 인도의 특수한 더운 지방에서 몸에 열이 나는 것을 꺼려한 문화와 연관이 있다는 추정 정도는 가능하다.

　현대 한국불교에서 오신채는 금하고 초피(제피)·산초·방하·고소를 인정하는 상황은 분명 문제가 있다. 또 오신채의 금지 역시 불투명하다는 점에서 이는 육식 금지와는 달리 재고의 여지가 있다고 하겠다.

한국 사찰음식의 특징

우리나라는 '절에 가면 밥이 맛있다.'는 말이 있을 정도로 사찰 하면 밥 먹는 곳이라는 인식이 퍼져 있다. 붓다 당시 승단이 탁발 문화에 의존하며 승단 내에서 직접적으로 취사를 하지 않은 것과 비교하면 말 그대로 상전벽해인 것이다. 물론 인도불교 역시 후대에 이르러 사원이 거대해지자 사찰에서 음식을 조리해 먹었다. 물론 다른 사람들에게 줄 정도로 많은 양을 만든 것은 아니었다. 그런데 한국 사찰들은 유독 음식 인심이 후하다. 이는 조선 후기에는 사찰들이 모두 산에 있었기 때문에 사찰을 찾은 신도들에게 음식을 줄 수밖에 없었던 데서 기인한다. 즉 거리의 문제가 신도들에게 음식을 공급할 수밖에 없는 문화를 낳은 것이다. 또 조선 시대에 사찰을 찾는 사람들 중에는 장사를 하거나 먼 거리를 이동하는 사람들도 상당수였다. 이들의 존재와 상업은 조선 정부가 산사를 완전히 없애지 못한 이유가 된다. 조선 시대 사찰은 주막이나 여관 같은 역할도 한 것이다. 이것이 사찰이 척박한 산속에 있으면서도 음식 인심이 후하게 된 이유다.

산사에서 육식과 오신채를 사용하지 않으면서 영양의 균형을 유지하는 방향으로 발전한 것이 바로 사찰 음식이다. 사찰 음식은 금지식과 산사라는 환경에서 수백 년을 발전해 오면서 완성된 소박한 건강식이다. 우리나라 전통 음식인 김치와 장류처럼 말이다. 우리 조상들은 식재료를 구하기 힘든 추운 겨울을 나기 위해 김치나 장류 같은 저장 음식을 만들어 냈다. 김치와 장류는 열악한 기후 조건에서 삶을 이어 가기 위해 우리 조상들이 경제적으로

붓다는 음식을 통해 영양을 보충하지만 집착해서는
안 된다고 가르친다. 탁발 정신 역시 이런 것이다. 이
정신을 계승하는 것이 진정한 사찰음식이다.

최선의 방법을 찾아내고 발전시켜 온 결과인 것이다. 이런 점에서 현대 도시
의 화려한 사찰 음식은 진정한 사찰 음식이 아니다. 그곳에는 그저 사찰 음식
이라는 명칭을 통해 이익을 극대화하려는 얄팍한 상술만이 녹아 있다.

　　이탈리아 피자에는 토핑이 거의 없다. 그들에게는 피자가 주식이기 때
문이다. 그래서 우리처럼 간식으로 먹는 피자와는 완전히 다르다. 밥이 주식
일 수 있는 것은 특별한 맛이 없기 때문이다. 빵을 주식으로 삼는 나라의 빵
이 특별한 맛이 없는 것도 같은 이유에서다. 그러므로 사찰음식은 산에서 채

취한 재료에 조미료를 적게 써서 담백함을 극대화한 소박한 건강식 정도로 이해하면 되겠다. 바로 이것이 사찰 음식의 전부다. 그것은 그저 투박하면서 정갈한 산촌 음식, 그 이상도 그 이하도 아니다.

　붓다는 음식을 통해 영양을 보충하지만 집착해서는 안 된다고 가르친다. 탁발 정신 역시 이런 것이다. 이 정신을 계승하는 것이 진정한 사찰음식이다. 즉 무엇을 먹느냐가 아니라 무엇에 집착하지 않느냐가 핵심이라는 말이다.

붓다와
주거

사찰은 공공 재산

붓다는 주거 방식에 관해 수하좌(樹下座, 나무 그늘 아래)와 승원을 모두 인정했다. 붓다가 자주 머물며 설법했던 기원정사는 당시로서는 드물게 7층으로 된 건물이었다. 요는 어디서 사느냐가 문제가 아니라 어떻게 사느냐가 핵심이라는 의미다. 이는 우리나라의 불교 또한 마찬가지다. 불교를 국교로 삼은 고려 시대는 차치한다 하더라도, 숭유억불의 조선 시대에도 사찰은 왕궁과 비슷한 수준의 건물 규모를 유지할 수 있었다. 조선 시대에 정승도 넘어서지 못하는 아흔아홉 칸짜리 건물을 짓고, 단청도 할 수 있던 곳은 왕궁과 사찰뿐이었다. 통도사 같은 본사와 유교 문화를 가장 잘 간직한 안동 하회 마을을 번갈아 가보면, 조선 시대 사찰이 얼마나 거대했는지를 단적으로 알 수 있다. 물론 이런 대찰만 있었던 것은 아니다. 산속이나 시골에는 가난한 절들도 많았다. 이렇게 보면 조선의 사찰들 역시 최고와 최저라는 두 가지 양상이 공존했던 것이다. 이는 현대의 불교 역시 마찬가지다.

붓다는 '무엇을 가졌느냐보다' 언제나 '얼마나 효율적이고 적합한가'의 관점에서 접근한다. 이것이 바로 붓다의 중도적인 인식이다. 이런 점에서 불교는 사치하지만 도를 넘어서지 않고, 검소하지만 궁핍하지 않은 것이다.

그러나 주거와 관련해서는 의복이나 음식과 다른 분명한 원칙이 한 가지 더 있다. 사찰은 승가 공공의 재산이어야 한다는 것이다. 의복이나 음식이 사유화되는 것과는 다른 점이다. 즉 원칙적으로 개인이 사찰을 소유해서는 안 된다는 말이다. 조계종이 전통을 유지하면서 다른 종단들과 변별되는 지점 중 하나가 바로 이것이다. 조계종이 이러한 원칙을 지키기 용이한 것은, 조계종 소속의 사찰들은 멀리는 수천 수백 년을 계승해 온 전 시대의 유산이기 때문이다. 그렇다 보니 누구의 것일 수가 없다. 즉 그것은 조계종 전체의 것이고, 주지는 소유자가 아닌 관리자일 뿐이다. 그러므로 조계종 종단 소속 승려는 누구라도 와서 살 수 있고, 주지 스님에게 방을 요구할 수도 있다. 또 사찰에 머물던 스님들이 떠날 때는 약소하나마 차비를 주는 전통도 있다. 사찰은 공유물이라는 붓다의 정신이 오늘날까지 이어지는 것이다.

또 이 같은 전통이 이어지다 보니, 현대에 새로 창건한 사찰들 역시 사적인 소유를 금하고 있다. 물론 이렇게 새로 창건한 사찰은 창건주의 권리를 인정해 창건주 스스로가 원하지 않는 이상 주지를 바꾸지 않으며 주지 소임

하늘에서 본 통도사

을 제자에게로 계승할 수 있다. 물론 제자가 마땅하지 않을 경우 사형제처럼 가까운 분이 계승하는 것도 가능하다.

스님이 개인 사찰을 갖고 있다는 것은 악덕이다. 왜냐하면 그것은 개인이 만들었어도 스스로가 출자한 자산이 아닌 이상 결국 신도들이 부처님을 보고 희사한 재원으로 마련한 것이기 때문이다. 그러므로 사찰을 사유화하는 것은 전달자가 중간에서 이익을 착복하는 것과 다르지 않다. 또 이런 상황에서 급작스러운 변고가 발생하면, 사찰이 지친에게 상속되면서 표류하게 된다. 그러므로 사찰은 붓다의 의지처럼 종단에 귀속되어야만 한다. 또 조계종에서는 승려 출가 시 개인이 살면서 갖게 되는 일체의 재산을 사후 종단에 귀속시키겠다는 포기 각서와 유언장을 받고 있다. 이렇게 해서 불교를 위해 사용해야 할 재화의 유출을 최소화하는 것이다. 이 같은 조계종의 노력은 매우 상식적인 동시에 바람직한 것으로 모든 종단으로 반드시 확대돼야 할 사항이다.

出家에서
入寂까지

우리는 행복을 얻기
위해서 출가한다.

사회에서 공부를
열심히 하고 노력을
경주하는 것 역시
궁극적으로는 행복을
얻기 위한 것이다.

이런 점에서 본다면
출가 역시 행복이라는
목적을 위한 하나의
방법, 수단일 뿐이다.

출가

출가出家, 현실을 직시하려는 노력

　가족과 사회를 등지고 절애고도絶涯孤島로 떠나는 유배자의 모습. 출가를 바라보는 여러 시각 중 하나다. 여기에 영화나 드라마에서처럼 출가를 뜯어말리는 부모나 애인이 있다면 그야말로 극적(?)이다.

　이런 모습이 현실과 다르다고 반박할 수만은 없다. 싯다르타 태자가 출가할 때 이를 막기 위해 온갖 방법을 동원했던 숫도다나 왕의 모습이나, 한때 은둔의 종교로 인식되던 한국불교의 모습을 생각하면 일면 위와 같은 상황이 연출될 수 있다는 게 이해가 되기도 한다.

　하지만 출가란 버리고 떠나는 것이라기보다 자신을 찾아 나서는 적극적인 삶의 여정이다. 또 가족이나 사회와 단절되는 것도 아니다. 쉽게 말하면 한국에서 미술 공부를 하다가 파리로 유학을 떠나는 예술가의 모습이라고 할 수 있다. 출가는 자신을 구현하기 위한 주체적이고 역동적인 행동이자 노력이다. 그래서 영어로는 출가를 '위대한 포기(great renunciation)'로 번역하는 것이다. 큰 것을 얻기 위해 작은 것은 버린다는 의미다. 마치 우리가 무엇을 쥐려면 손바닥을 펴야만 하는 이치와 같다. 이것이 바로 출가다. 즉 출가란 현실 도피가 아니라 현실의 문제를 직시하며 보다 적극적으로 문제와 충돌해서 타개하기 위한 보다 실천적 노력인 것이다.

인도의 개인주의 대 동아시아의 집단주의

한국인 다수에게 출가는 가족과 사회에 대한 방기로 인식되곤 한다. 우리나라 사람들이 출가에 대해 이런 인식을 갖게 된 결정적 이유는 인도와 동아시아의 문화 차이 때문이다. 아리안 족의 문화를 공유한 인도와 유럽 지역에서는 유목을 기반으로 한 개인주의 문화가 발달했다. 목동은 초지에서 양을 돌보며 며칠이고 혼자 지낸다. 알퐁스 도데의 소설 『별』에는 이 같은 양치기의 모습이 잘 묘사돼 있다. 혼자 맞이하는 광활한 고독, 이것이 바로 유목 문화에서 개인을 발견해 내는 시작이 된다. 개인주의적 시각에서 보면 모든 인간은 독립돼 있고 스스로 자기 완결성을 가진다. 이런 인간들이 모인 것이 바로 사회다. 이의 연장선에서 가족을 이해하는 것이 바로 개인주의다. 즉 개인주의에서 가족이란 보다 유기적 구조의 사회일 뿐인 것이다. 그러므로 나의 관점이 가족이나 사회와 충돌할 때, 개인주의 문화에서는 개인이 우선이 된다.

　그러나 동아시아의 농경 문화에서는 유목 문화와는 다른 가치관이 형성된다. 농사는 양치기와 달리 혼자서 할 수 없다. 우리의 품앗이 전통을 생각하면 된다. 이로 인해 대가족 제도가 형성되며, 개인은 집단으로부터 독립할 수 없다. 즉 나보다는 우리가 먼저인 집단주의 구조가 만들어지는 것이다. 유목 문화가 개체가 모인 결과로서 전체를 상정한다면, 동아시아의 농경 문화는 전체 속에서 개체를 볼 뿐이며 독립된 개체를 인정하지 않는다. 그래서 집단으로부터 이탈하는 개인은 응징의 대상이 된다.

　출가란 개인주의 문화에서는 자신의 개성을 살린 멋진 삶의 행보다. 그러나 집단주의 문화에서는 집단을 방기한 이기주의로 매도될 뿐이다. 만일 인도에서 붓다의 출가를 부정적인 시선으로 보았다면 붓다를 따라 출가한 이들이 많지 않았을 것이며, 출가자들이 모인 교단 역시 존재할 수 없었을 것이다. 또 붓다를 따라 출가한 사람들을 성인으로 존숭하지도 않았으리라. 즉 인도와 동아시아 두 문화권에는 인식과 관점의 차이가 존재하는 것이다. 요즘도 우리나라에서는 부모가 자녀의 결혼을 완강히 반대하면 결혼이 성사되기 어려운 것이 현실이다. 현대에도 이럴진대, 과거에 우리나라 사람들이 출가를 쉽게 이해하지 못하는 것은 어찌 보면 당연한 일이다. 이것은 이해의 문제가 아니라 문화적 장벽에 가로막힌 거대한 차단의 결과다.

행복을 찾아서

인간은 행복을 추구하는 동물이다. 싯다르타는 태자라는 존귀한 신분이었다. 하지만 그 신분이 행복을 가져다주지 않는다는 것을 자각했다. 이 문제를 풀기 위해 싯다르타는 출가를 단행한다. 즉 그에게 출가는 진정한 대자유를 향한 힘찬 첫걸음이었던 셈이다.

게다가 인도의 출가 문화에는 사회와의 단절이라는 측면이 전혀 없었다. 승려들은 사찰 안에서 음식을 조리해 먹을 수 없었기 때문에 매일 탁발에 나서야 했다. 이것은 사회와 소통하는 또 다른 참여였다. 탁발을 통해 승려들은 사회와 접촉하고 그들을 교화하며 세속의 문제를 함께 고민하고 때로는 사람들에게 해법을 제시해 주었다. 반면 동아시아 승단에는 탁발 문화가 없었기 때문에 사찰에서 음식을 조리해 먹고, 결국 쉽게 고립되곤 했다. 출가가 사회를 등진 것이라는 인식은 사실 인도불교에는 존재하지 않던, 중국불교적인 변형의 결과물인 것이다.

또 인도불교는 사회와 유리되지 않았기 때문에 출가를 해도 가족과의 관계가 단절되지 않았다. 붓다도 깨달은 이후에 고국으로 돌아가 부모와 친척을 교화했다. 즉 가족은 가장 가까운 곳에 위치한 교화 대상이자 후원자였던 것이다.

출가에 대한 인도와 동아시아의 인식 차이는 출가 풍경에도 커다란 영향을 미쳤다. 인도불교에서는 출가를 할 때 가족의 축하를 받는다. 반면 동아시아에서는 출가가 가족과의 비극적인 헤어짐을 초래한다. 그러나 출가가

사회 또는 가족과의 무조건적 단절을 의미하는 것은 아니다. 다만 자신이 원하는 해법을 얻기 위해서, 마치 우리가 더 많은 것을 배우기 위해 유학을 떠나는 것처럼 지금껏 살아온 사회나 가족과 헤어지는 것일 뿐이다.

우리는 행복을 얻기 위해서 출가한다. 사회에서 공부를 열심히 하고 노력을 경주하는 것 역시 궁극적으로는 행복을 얻기 위한 것이다. 이런 점에서 본다면 출가 역시 행복이라는 목적을 위한 하나의 방법·수단일 뿐이다. 그리고 만일 출가 이후 만족도가 떨어진다면 붓다는 언제든지 다시 돌아가라고 말했다. 실제로 인도불교에서는 환계還戒라는 방식을 통해 사회로 돌아갈 수 있었다. 환계 방식은 매우 간단했다. 자신이 의사 표시만 분명히 하면 됐다.

출가의 방법

출가하려는 사람은 가까운 사찰을 찾아가서 출가 의사를 밝히면 된다. 여건이 구비되지 않아 행자를 받지 않는 사찰도 간혹 있으나 출가 의사만 밝히면 같은 종단의 가까운 사찰로 안내해 준다. 같은 종단에 소속된 사찰이라면 어느 곳에서 출가해도 결국에는 동일한 승려 자격을 취득하게 된다. 하지만 말사보다 본사에서 첫걸음을 내딛는 게 여러 면에서 더 유리하다.(조계종은 모두 스물네 개의 교구본사와 한 개의 특별 교구본사가 있으며, 이 교구 본사가 각각 오십 개에서 백 개의 지역 말사를 거느리는 구조다.)

본사에 찾아가 출가 의사를 표명하면, 원주나 교무 스님이 출가하고자 하는 사람과 면담을 하게 된다. 이때 주로 출가 목적과 신상에 관한 것을 확인한다. 그런 다음 하루나 이틀 사찰에 머물게 하면서 환경에 적응할 수 있도록 도움을 주는 동시에 성격 등을 파악한다. 이 과정을 거치면 법당에서 약 3일~7일 간에 걸쳐서 부처님께 삼천배를 올리게 한다. 출가에 대한 의지를 확인하는 방법이다. 삼천배는 생각보다 상당히 고통스럽고 많은 인내심을 요구한다. 삼천배를 하면서 기존의 관계를 정리하고, 새로운 삶의 방식에 대한 판단을 보다 분명히 하는 경우가 많다.

삼천배와 삭발식

　　삼천배를 마치고도 의지가 변하지 않았다면 다음날 삭발식을 한다. 불교를 소재로 한 영화에서 보면 출가를 결심한 사람이 머리카락이 숭덩숭덩 잘리는 과정에서 눈물을 주르륵 흘리고는 하는데, 사실 이런 일은 거의 없다. 왜냐하면 여기까지 오기 전에 이미 많은 생각을 정리한 상태이기 때문이다. 절에 오자마자 삭발을 하면 모를까…. 머리카락은 한번 잘리면 되돌리는 데 시간이 많이 걸리기 때문에 무턱대고 삭발을 하는 야만적 행동은 하지 않는다.

　　사찰에 따라서는 삭발을 하고 삼천배를 하는 경우도 있다. 이는 출가 의지를 다진 상황에서 부처님께 서원誓願을 발하는 것이다. 즉 삭발하기 전에 하는 삼천배와는 의미가 다르다는 얘기다. 삭발 전에 하는 삼천배가 출가 의지를 파악하기 위한 것이라면 삭발 후에 올리는 삼천배는 출가 생활을 잘

사미·사미니 수계 교육에 참여해 삼보일배를 하고 있는 행자들.

하겠다는 의지의 천명인 것이다. 이런 점에서 본다면 삼천배를 두 번 하는 것이 가장 타당한 것 같다.

실제로 삭발을 먼저 하고 삼천배를 하는 경우 중간에 마음이 바뀌는 경우도 있다. 굳은 결심이 섰다고 생각했으나 막상 절을 하면서 출가 문제가 눈앞에 닥치면 생각에 변화가 일어나는 것이다. 이런 경우에는 괜히 머리만 깎고 집으로 되돌아가는 웃지 못 할 상황이 발생하게 된다.

사찰에 따라 삭발식 같은 의식을 하는 경우도 있다. 삭발은 해당 사찰의 구성원이 늘어나는 것을 뜻하기 때문에, 이때 여러 사람이 참석해서 확인하고 축하해 주기도 한다. 그러나 현재는 삭발식도 간소화돼 행자에 대한 실무를 관리하는 원주 스님이 참석해 진행하는 정도에서 마무리된다.

삭발을 하고 사찰에 산다는 것은 이제 행자가 되어 다른 승려들과 함께 사는 대중이 되었다는 것이다. 그러므로 남성 행자는 고동색 행자복을, 여성 행자는 어두운 오렌지색 행자복을 착용한다. 그리고 절 안의 모든 스님들을 찾아뵙고 인사를 드린다. 얼굴을 알리는 일종의 신고식인 셈이다. 인사는 원주 스님의 인솔로 이루어진다.

행자는 이름으로 불리지 않는다. 절에서는 세속적 가치나 판단 기준이 의미가 없기 때문이다. 흔히 스님에게는 세 가지를 물어서는 안 된다는 말이 있다. 나이와 고향 그리고 이름이다. 나이나 지연 또는 혈연 때문에 상대에 대한 선입견이 생길 수 있기 때문이다. 즉 있는 그대로를 보는 것이 중요하지 어떤 자료나 정보를 통한 이해는 올바르지 않다는 의미다. 행자의 이름을 부르지 않는 이유 중에는 새로운 사찰 질서에 편입하기 위해서는 기존에 살아온 배경과 선을 그어야 한다는 뜻도 담겨 있다.

불교에서는 나이와 관계없이 먼저 출가한 사람이 형이 된다. 먼저 군대에 입대한 사람이 상관이 되는 것과 같다. 이런 기준이 없다면 군대 체계는 유지되기 어렵다. 이와 마찬가지로 불교 역시 출가 순서에 의해 상하를 구분한다. 이는 붓다가 정한 원칙이자 체계이다. 그러므로 사찰에서는 나이와 관계없이 그 사람의 위치가 정해지는 경우가 종종 발생한다. '나이는 숫자에 불과하다.'는 말이 사찰에서는 광고 카피를 넘어서 현실이 되는 것이다.

사찰에서는 법명이라고 해서 일종의 불교 안에서 통용되는 가명을 쓴다. 그러나 법명은 사미·사미니부터 부여받는다. 그러므로 행자에게는 딱히 이름이 없다. 그저 행자인 것이다. 이렇게 이름도 없이 거듭나는 과정이 바로 행자 생활이다. 군대에 처음 가면 신교대에서 계급 없이 그저 훈병(훈련병)으로 지내는 것을 생각하면 이해가 빠르다. 이렇게 이름도 없는 행자는 자신을 버리고 절에서 가장 낮은 소속원으로 한없이 스스로를 낮추는 하심下心의 시간을 보낸다.

삭발

『구약』에서 삼손의 머리카락은 신과 통하는 안테나와 같은 역할을 한다. 제갈공명도 적벽대전에서 동남풍을 만들기 위해 머리를 풀어헤치고 도술을 부린다. 또 현대 여성은 마음에 변화가 생기면 머리카락을 자른다. 이외에도 정치인이나 특정 단체의 수장들이 결연한 의지를 보일 때 흔히 삭발 투쟁을 하곤 한다. 머리카락과 '생각'이 상관관계가 있다고 믿는 것이다. 실제로 한 세대 전만 해도 중·고등학교에 일명 '빡빡이'라고 하는 삭발 규정이 있었다. 이를 통해 학생의 정신을 단속할 수 있다고 판단한 것이다.

역사적으로 고대부터 근세까지 가장 폭넓은 지지를 확보한 헤어스타일 중 하나는 의외로 '상투'다. 머리 손질이 쉽지 않던 과거에 머리를 손질하는 가장 간편한 방법이 상투였다. 인도 역시 예외가 아니었으며, 오늘날까지 힌두교나 시크교 수행자들이 상투를 한 모습을 흔히 볼 수 있다.

그런데 불교는 장발이나 상투와 정반대로 삭발을 선택한다. 불교의 삭발은 신과 같은 외부의 힘이나 타력에 의지하지 않는 내면의 관조를 상징한다. 즉 스스로를 밝히는 자등명自燈明의 길이야말로 불교의 가르침인 것이다. 그 어떠한 것에도 의존하지 않는 독립인의 위상이 삭발이라는 의미에 내포되어 있는 것이다. 또 삭발은 신분에 대한 평등의 의미도 포함하고 있다. 인도에서는 신분이 높을수록 머리를 높게 묶는 풍습이 있다. 그런데 삭발을 하면 이러한 신분의 차이가 무력화되는 것이다. 붓다는 누구나 노력하면 깨달을 수 있다는 인간 평등의 관점에서, 신분의 차이를 부정하신 분이다. 그래서 '고귀한 사람은 신분에 의해 태어나는 것이 아니라, 고귀한 행동을 함으로써 만들어진다.'고 한 것이다. 이런 점에서 삭발은 신분을 초월한 원점에서, 수행과 헌신의 가치만을 기준으로 삼는 불교적인 관점을 잘 온축하고 있다고 하겠다.

불교는 전파된 지역의 선행 문화를 존중하며 형식적 가치의 대부분은 현지 문화와 상황에 맞게 바꾸었다. 동아시아의 불교를 살펴보면 의식주 중에서 인도적 불교문화가 남아 있는 것은 종교 의식복인 가사와 식기로 사용되는 발우 정도다. 이 가사와 발우마저도 동아시아식으로 변형돼 인도의 원형과는 차이가 있다. 즉 불교는 내용을 중시하지 외부적 형식에는 더 없이 관대한 자세를 견지했던 것이다. 그러나 삭발만은 처음부터 지금까지 유지되는, 양보되지 않는 전통이다. 이는 삭발에 그 무엇에도 의존하지 않는, 독존하는 인간의 존엄적 상징이 내재돼 있기 때문이다.

행자의
하루

가장 먼저 일어나고 가장 늦게 자는 사람

행자는 절에서 가장 먼저 일어나고 가장 늦게 자는 사람이다. 행자는 절에서 가장 낮은 사람이기 때문이다. 스스로를 낮추는 하심과 육체적 노력 그리고 이를 바탕으로 하는 사찰 생활과 문화를 익히는 것이 바로 행자의 삶이다.

규모가 큰 절은 보통 3시에 새벽 예불을 올린다. 이때 가장 먼저 하는 것이 군대에서 기상나팔을 부는 것과 같은 도량석道場釋이다. 도량석이란 목탁을 치고 염불을 하며 도량 주위를 돌면서 사찰의 안팎을 깨우는 의식이다. 지금이야 시계가 있지만 예전에는 이 같은 방식으로 시간을 공유하며 행동을 통일할 수밖에 없었다. 조선 시대에 종루에서 새벽에 서른세 번 종을 쳐

학승이 행자를 인솔하고 있다.
행자는 이름으로 불리지 않는다. 절에서는 세속적 가치나 판단
기준이 의미가 없기 때문이다. 흔히 스님에게는 세 가지를 물
어서는 안 된다는 말이 있다. 나이와 고향 그리고 이름이다.

시간을 알리고 성문을 열던 것을 생각하면 되겠다.

3시부터 도량석이 시작되니 행자는 최소한 2시 30분에는 기상해서 씻고 예불을 준비해야 한다. 예불 준비란 각 전각에 촛불을 밝히고 맑은 물을 떠서 올린 뒤 향을 사르고 방석을 준비하는 것 등이다. 또 도량석은 보통 담당 스님이 하지만 행자에게 역할이 주어질 때도 있다.

행자는 새벽 예불 때 맨 앞쪽에서 예불을 올린다. 동아시아 문화에서는 지위가 높을수록 자리의 뒤쪽에 위치하기 때문이다. 즉 법당에서는 부처님과 가까운 앞쪽이 아니라 먼 뒤쪽이 상석인 것이다.

두 시간 정도 걸리는 예불과 기도를 마치면 아침 공양을 준비한다. 오전 6시에 공양이 마무리되면 뒷정리를 한다. 이 일이 끝나면 시간이 조금 남는데, 이때 사찰 생활에 반드시 필요한 지침이나 문구를 외우곤 한다. 불교의 기도문인『천수경』을 비롯해 원효 스님의 「계초심학인문」과 보조 지눌의 「발심수행장」 그리고 야운이 저술한 「자경문」이 합본으로 된『초발심자경문』 등이 여기에 해당한다.

그리고 오전 9시부터 시작되는 불교의 기도 의식인 사시불공을 준비한다. 이것을 마치면 오전 11시부터 시작되는 점심 공양을 준비한다. 점심 공양 뒷정리까지 모두 마쳐야 오전의 일과가 끝나며, 그제야 시간 여유가 생긴다. 이때는 목탁이나 북 치는 연습을 하거나 불교 의식과 관련된 염불 등을 익힌다. 즉 오전에는 방에서 조용히 할 수 있는 공부를 하고 낮에는 소리나 동작이 필요한 활동을 한다. 목탁이나 염불은 다른 사람에게 피해를 줄 수 있으므로 사찰 인근의 계곡 같은 곳에 가서 하기도 한다. 판소리꾼 같이 득음을 원하는 것은 아니지만 물소리에 묻혀 가는 소리를 통해 타인에게 피해를 주지 않으면서 목적을 효율적으로 달성할 수 있기 때문이다.

물론 점심 공양 이후에 절에 다른 잡다한 일이 생기면 그 일을 해야 한다. 또 절 안 여러 사람의 다양한 요청도 성심껏 응해야 한다. 행자는 언제나 가장 낮은 자세로 묵묵히 자신의 심지를 견고히 해야만 한다. 마치 과거 여성의 시집살이 요건인 벙어리 3년, 귀머거리 3년, 장님 3년과 같은 삶을 살아야 하는 것이다. 행자에게 이처럼 퍽퍽한 생활을 하게 하는 이유는 사람을 일방적으로 억압하고 권위로 누르기 위해서가 아니다. 일반 사회와 다른 새로운 환경을 묵묵히 보고 배우라는 뜻이다.

행자 교육

행자 교육은 보통 본사의 교무 스님이 담당한다. 주된 교육 내용은 사찰 생활과 기초 교리, 부처님의 생애 등이다. 또 『초발심자경문』의 내용을 설명해 주거나 행자가 계를 받아서 사미가 됐을 때를 위해 『사미율의』를 지도하기도 한다. 이것을 행자 교육 또는 기초 교육이라고 한다. 교육은 보통 점심 공양 이후 낮 시간이나 저녁 공양 이후 늦은 시간에 이루어진다. 사찰에서 교육은 행자보다는 사미와 사미니 기간에 주로 이루어지기 때문에 행자 때는 사찰이나 불교와 관련된 기본에 충실할 것을 요구받는다. 특히 사찰 생활에 적응하기 위한 하심과 양보에 방점이 찍힌다.

점심 공양 이후에는 목탁이나 염불 같은 의례 연습이나 교육이 이루어지고, 이것을 마치면 곧장 저녁 공양을 준비한다. 사찰에서는 일과의 시작 시간이 일반 사회에서보다 이르기 때문에 끝나는 시간도 이르다. 저녁 공양은 보통 오후 5시에 시작된다. 공양 뒷정리까지 모두 마친 6시 무렵에는 저녁 예불이 시작된다. 저녁 예불과 기도가 약 한 시간 반 정도 진행되면 여유 시간이 좀 생기는데, 필요한 경우 이때 저녁 공부를 한다. 물론 공부 대신 휴식을 취하기도 한다. 저녁 8시 30분에는 취침 준비를 하며, 9시에는 취침 종을 울려서 대중에게 일과가 끝났다는 것을 알린다. 모든 대중은 이때부터 정숙을 유지하며 소등하는 것을 원칙으로 한다. 즉 산사가 모두 잠드는 때인 것이다. 물론 개인적 용무로 불을 켤 수는 있다. 하지만 모든 일은 타인에게 피해를 주지 않는 선에서만 해야 한다. 이렇게 저녁 9시 타종을 마지막으로 행자의 하루는 마감된다.

행자 기간

조계종 사찰은 행자를 맞이하면 종단 교육원에 행자의 존재를 알리고 등록을 한다. 예전에는 행자 기간이 무척 길었다. 3년씩 행자 생활을 하는 이도 있었다. 그러나 요즘은 행자 기간이 여섯 달로 정해져 있다. 행자는 수계를 통해서 사미와 사미니가 된다. 이 수계가 봄·가을, 즉 3월과 9월에 열린다. 수계가 봄·가을의 두 차례뿐이니, 행자 기간이 짧으면 여섯 달에서 긴 경우 열한 달까지 된다. 수계 직후에 행자가 된 사람은 열한 달간 행자 생활을 할 수 있는 것이다.

그러나 크게 억울할 것은 없다. '행자 시절 복으로 평생을 먹고 산다.'는 말이 있다. 행자 시절의 하심과 봉사의 복덕이 그만큼 크다는 의미다. 행자 기간이 길다는 것은 그만큼 복을 지을 시간이 많다는 것이니, 조금 힘들더라도 결국 길게 보면 남는 게 있는 것이다.

행자 기간은 앞서도 언급했지만 원래는 타 종교에서 전향한 이들이 문제를 일으키는 바람에 생긴, 일종의 적응 기간 겸 관찰 기간이었다. 그러나 요즘은 세속과 사찰의 가교 역할을 하는 게 바로 행자 기간이다. 이 행자 기간을 통해 사찰의 기본을 이해할 수 있고 보다 온전한 판단에 도달할 수 있다. 또 불교에는 '오는 사람 막지 않고 가는 사람 잡지 않는다.'는 말이 있는 것처럼, 행자 시절에 무언가 마음에 들지 않으면 떠나면 그만이다. 즉 사찰은 자율 조직이지 강제적인 구속 조직이 아닌 것이다. 그러므로 마음을 낸 사람은 남아 있고, 마음이 닫힌 사람은 바람처럼 떠나면 된다.

사미·사미니 수계 교육에 참여한 여성 행자들.
남성 행자는 고동색 행자복을, 여성 행자는 어
두운 오렌지색 행자복을 착용한다.

수계와
득도

계와 율의 의미

수계를 받으면 본격적인 승려 생활이 시작된다. 수계란 계를 받는다는 것인데, 스님이 되기 위해서는 엄밀히 말해 '계'가 아니라 '율'을 받는다. 이를 이해하기 위해서는 우선 계와 율이 무엇인지를 알아야 한다.

계란 시라śīla라는 인도말에서 온 말로 행위의 습관이나 도덕성을 의미한다. 즉 도덕적 품성 정도로 이해하면 되겠다. 계를 가진 사람은 스스로를 절제할 수 있고, 타인을 배려하고 베풀 줄 아는 교양인이다. 즉 청정한 삶을 사는 사람을 뜻한다.

불교에서 말하는 계 중 가장 대표적인 것이 '오계'다. 오계는 출가자가 아니라 재가자가 받는다. 그래서 흔히 신도 오계라고 한다. 오계는 ① 살생을 여의어라 ② 훔침을 여의어라 ③ 정해진 이성이 아닌 대상을 여의어라 ④ 거 짓말을 여의어라 ⑤ 술을 여의어라 등 다섯 가지다. 이 다섯 가지 계를 뒤집 어 보면 ① 자비심을 일으키고 ② 이웃에 베풀며 ③ 나의 이성에게 충실하고 ④ 정의를 바로세우며 ⑤ 음식에 대한 탐착을 떠나는 것이다. 다시 말하면 자 비, 보시, 청정, 진실, 지혜를 닦는 것이다. 이렇게 바르게 생활하면 내면이 정돈되고 외부적 관계가 돈독해지면서 사람들에게 신망을 얻게 된다.

계를 받는다는 것은 도덕적인 삶을 다짐하고 맹세한다는 것을 의미한 다. 계를 받는 사람은 이를 통해 바른 삶을 살겠노라 좀 더 강력하게 다짐한 다. 그러나 계는 도덕적인 것이기 때문에 그렇게 하는 것이 올바르고 바람직 하다는 것이지, 반드시 그렇게 해야 한다는 법적 구속력을 갖지 않는다. 바 로 이것이 계와 율이 구분되는 지점이다.

율은 승단에서 단체 생활을 위해 정한 규율이다. 축구를 할 때 골키퍼를 제외한 모든 선수는 손으로 공을 만져서는 안 된다. 이를 어길 경우 제재가 따른다. 이와 같이 원칙을 어기면 제재가 수반되는 것, 이것이 바로 율이다. 즉 계가 도덕과 같다면 율은 법과 같다. 계는 신도에게 한정되고, 율은 승려 에게만 적용되는 것으로 단체를 유지하기 위한 일종의 특수법인 셈이다.

인도불교에서는 계와 율을 엄격하게 분리했다. 마치 현대 사회에서 도 덕과 법이 분리된 것처럼 말이다. 그러나 후일 재가자가 급부상하는 대승불 교가 정착되면서 계와 율의 구분이 모호해졌다. 급기야 동아시아 대승불교 문화권에서 '계율'이라는 합성어가 만들어지기에 이른다. 이와 같이 계와 율의 차이를 정확하게 인지하면, 사미·사미니가 받는 것이 계가 아니라 율이라는 걸 분명히 알게 된다. 그러나 계율이 하나의 단어처럼 사용되면서 '수계＝계율을 받는다'는 의미가 된다. 이로 인하여 승려와 신도 모두 '수계'라는 하나의 명칭을 사용하게 되면서 혼란스러운 상황이 발생하기에 이른다.

수계의 의미와 득도

승려가 되기 위한 수계는 승단에서 지켜야 할 원칙을 고지 받는 것이다. 사미와 사미니는 정식 승려가 아닌 예비승이기 때문에 가장 기본적인 항목만 고지받는다. 이것이 바로 사미(니) 십계다.

사미(니) 십계 중 앞부분의 다섯 항목은 신도 오계와 거의 동일하다. 다만 ③의 '정해진 이성이 아닌 대상을 여의어라.'는 항목이 이성 관계 자체를 금하는 항목으로 바뀐다. 신도 오계는 일반 재가자를 상대로 하기 때문에 가정생활을 고려한다. 하지만 사미와 사미니는 독신 출가 승단의 일원이 되는 것이므로 이성 관계 자체를 금하는 것이다.

이 외의 다섯 가지는 각각 ⑥ 화려한 치장과 향수를 사용하지 않을 것 ⑦ 춤추고 노래하는 것을 보고 듣지 않을 것 ⑧ 높고 큰 자리에 앉지 말 것 ⑨ 정해진 때만 음식을 먹을 것 ⑩ 금은과 같이 귀한 것을 소유하지 않을 것이다. 십계에는 고요한 수행자가 되려면 마음이 흔들리고 교만해질 만한 것을 절제하라는 뜻이 담겨 있다. 불교는 지성이나 이성을 의지나 감정보다 우위에 두는 주지주의主知主義적 경향이 강하다. 그러므로 감각적 쾌락으로 흐

사미·사미니 수계 교육을 모두 마치고 수계를 받고 있는 모습.

를 수 있는 개연성을 차단하는 것이 사미(니) 십계의 주된 골자다.

특기할 만한 것은 아무리 예비 승려에 대한 계율이라도 승단의 운영 규칙과 관련된 조항은 발견되지 않는다는 점이다. 오늘날 사미와 사미니는 예비승을 뜻하지만, 과거에 사미와 사미니는 사찰에 사는 어린아이들이었기 때문이다. 아이들에게는 규율적인 부분을 강요하기보다는 도덕적 원칙을 바로 세우는 방향으로 수계를 진행했다. 즉 이 부분은 시대에 따라 사미와 사미니에 대한 개념이 변하면서 생긴 모순이다.

출가계를 받으면 승단 소속원이 된다. 이와 동시에 안으로는 수행자이며 밖으로는 성직자가 되어 신도를 지도할 수 있다. 이런 점에서 수계를 득도라고도 한다. 득도란 불교의 올바른 가르침을 얻어서 중생을 제도한다는 의미다. 그러나 사미(니)계는 정상적인 계가 아니기 때문에 득도라는 표현을 사용하기에는 어려운 면이 있다.

수계 방식

붓다 당시 수계 방식은 여러 가지였다. 일종의 특채에 해당하는 것으로 붓다가 '잘 왔다. 비구여.'라고 말해 주는 것이 있는데, 이는 붓다가 친히 제자임을 인정하는 방식이다. 이런 경우에는 별도의 수계 없이 수계를 한 것과 같은 동등한 자격을 갖는다. 말 그대로 특채인 것이다. 그러나 붓다의 열반 이후에는 이 같은 방식이 없어지고 제도를 통한 방식만 남는다. 이것을 수계작법受戒作法, 즉 수계와 관련된 종교 의식에 의한 수계라고 한다.

수계에는 최소 비구(니) 열 명이 필요하다. 이를 소위 삼사칠증三師七證이라고 한다. 삼사란 수계에 있어서 핵심 역할을 하는 세 사람을 의미한다. 첫째, 사미(니)의 스승인 은사(화상). 둘째, 수계 의식 전체를 관할하는 갈마사羯磨師(갈마 아사리). 셋째, 수계자를 살펴서 문제가 없는지를 판별하는 교수사(교수 아사리)다. 그 외의 칠증이란 해당 수계 의식을 증명하는 일종의 증인이다. 그러나 현대에는 종단 차원에서 합동으로 수계자들을 모아서 수계를 진행하기 때문에 보통 수계자가 수백 명이 된다. 그래서 은사의 역할을 계를 주는 스님인 '전계대화상'이 대신한다. 즉 현대의 삼사란 전계사·갈마사·교수사인 것이다.

현재 조계종은 합동 득도라고 해서 해당자를 단체로 모아서 직지사 같은 큰 절에서 함께 교육하고 사미(니)계를 준다. 이 과정을 수료하기 위해서는 5급 승가고시를 통과해야 한다. 승려가 되는 데도 시험을 봐야 하느냐고 묻는 사람들도 있겠지만 그 위의 비구(니)계를 받으려면 4급 승가고시를 통과해야만 한다. 그 위의 3급과 2급 그리고 1급이 되려고 할 때에도 계속 승가고시라는 시험이 따른다.

사미(니)계는 5급 과정에 해당하는데, 합동으로 모여서 교육을 받고 수계가 이루어지기 때문에 동기 도반이라는 개념이 발생한다. 고려나 조선 시대에도 같은 과거에 함께 급제한 사람들끼리는 '동반'이라고 해서 유대 의식이 존재했는데 그와 유사하다고 보면 되겠다.

5급 승가고시까지 통과한 사미(니)를 대상으로 삼사칠증에 의한 수계가 이루어진다. 그런데 이때 사미는 비구에게만 1회 수계하면 되지만, 사미니는 비구니 삼사칠증에게 1회 수계한 이후 사미와 합동으로 비구 삼사칠증에게 한 차례 더 수계를 받는다. 이는 붓다 당시 비구니 승단은 비구 승단으로부터 독립돼 있지 않았기 때문에 발생한 전통이다.

붓다 당시 여성들은 사회적 지위가 매우 낮았다. 남성에게 속하지 않은 독립된 여성은 법적으로 존재할 수 없었다. 그래서 붓다는 세계 종교 최초로 여성이 성직자가 되는 것을 용인했음에도 당시 사회 제도에 따라 비구니 승가는 비구 승가에 부속되도록 조치했다. 이로 인해 사미니와 비구니는 수계 때 자체적으로 수계를 하고 상위 조직인 비구 승단에 의해 수계를 하는, 오늘날의 관점에서 보면 다소 불평등하게 인식될 수 있는 측면이 존재하는 것이다.

이상과 같은 절차를 모두 마치면 사미(니)계를 수지한 예비 승려가 된다. 즉 실질적인 승려로서의 첫걸음을 시작하는 것이다. 이때부터 법명을 사용할 수 있다. 이름이 바뀐다는 것은 불교 안에서 다시 태어났다는 것을 의미한다. 그래서 먼저 출가한 사람이 나이와 관계없이 선배가 될 수 있는 것이다.

또 이러한 수계와 관련된 전 과정을 수계산림이라고 한다. 여기에서 산림이란 일정 기간 동안 베풀어지는 불교 모임을 의미한다. 우리가 흔히 사용하는 '살림살이'라는 말이 여기에서 유래하기도 했다.

사미와
사미니

사미(니)의 의미와 시작

사미(니)란 '부지런히 노력하는 사람'이라는 의미로, 악을 멀리하고 자비를 실천하는 사람을 말한다. 즉 선으로 나아가기 위해 노력한다는 뜻이다. 그런데 또 사미(니)에는 미성년으로 수행 생활을 견딜 수 없는 어린 사람이라는 뜻도 있다.

불교에서 일반적으로 가장 먼저 사미가 된 인물로 언급되는 사람은 붓다의 아들인 라후라다. 사미가 됐을 당시 라후라의 나이는 여섯 살에서 일곱 살 정도로 추정된다. 하지만 『오분율』 권17에는 라후라보다 앞서 주나周那라는 사미에 대한 언급이 있다. 즉 라후라는 붓다의 아들이었기에 가장 유명한 사미일 뿐 최초의 사미는 아닌 것이다. 그런데 이때에도 사미는 모두 어린 사람이다.

과거에는 버려지는 아이들이 많았다. 그렇기 때문에 불교에 사미 제도가 생긴 이후 사미가 많이 늘어났을 것으로 판단된다. 사미니는 사미에 비해 등장 시기가 훨씬 늦다. 붓다가 만년에 이르러서야 바이샬리에서 여성, 즉 비구니의 출가를 용인했기 때문이다.

다양한 사미(니)

사미(니)의 종류에 관해 가장 많이 언급되는 것은 『마하승기율』 권29에 나오는 3종 사미다. 이는 연령에 따라 사미를 구분한 것이다. 첫째, 구오사미驅烏沙彌는 일곱 살부터 열세 살까지의 사미를 뜻한다. 둘째, 응법사미應法沙彌는 열네 살부터 열아홉 살까지 그리고 셋째, 명자사미名字沙彌는 스무 살 이상으로 비구계를 받지 않은 승려를 의미한다. 이 기록을 볼 때 중요한 점은 이것이 붓다 당시의 상황을 반영한 것은 아니라는 것이다. 이것은 훨씬 후대의 인도불교적인 내용을 담고 있다. 즉 사미(니)에 대한 원형이 아니라 후대의 상황을 반영한 기록이라는 얘기다. 이 점에 유의하면서 사미에 관한 내용을 좀 더 살펴보자.

구오사미란 까마귀를 쫓는 사미를 뜻한다. 이는 이 기록을 만들 무렵, 승단이 이미 탁발에 전적으로 의존하지 않고 과수원이나 논밭 같은 토지를 소유했음을 알려준다. 사찰이 어린아이들을 부양하면서 이들에게 농작물 재배에 해가 되는 까마귀를 쫓는 잡일을 시킨 사실을 알 수 있다. 응법사미란

사미 · 사미니 수계 교육 중 발우공양 습의를 하는 모습.

가르침을 배우는 사미를 뜻한다. 정식 승려가 되기 위해 사찰 문화를 익히고 교육을 받는 사미를 표현한 것이다. 열아홉 살까지를 응법사미로 규정한 것은 후대에 오면 스무 살이 비구(니)가 되는 연령이기 때문이다. 끝으로 명자사미에 대한 기록은 무척 흥미롭다. 명자사미란 이름만 사미라는 뜻으로, 스무 살이 넘어 응당 정식 승려가 되어야 하건만 여전히 사미로 남은 사람을 가리킨다. 스무 살이 넘어도 사미로 남아 있는 이유는 앞서 사미계에서 살핀 것처럼 사미의 의무나 규율이 비구보다 약하기 때문이다. 엄한 계율을 받고 그것을 파계해 문책을 받느니, 차라리 비구(니)계(구족계)를 받지 않겠다는 심산인 것이다. 그러면 파계할 일도 없기 때문이다. 명자사미는 어찌 보면 피터팬 증후군을 앓는 사람들이다. 이 명자사미가 오늘날 사미(니)의 의미인 예비 승려에 가장 가깝다고 할 수 있다.

실제로 조계종에서 1991년 최초로 단일계단에 의한 합동 수계 제도를 정착시키기 전에는 비구(니)계 받지 않은 사미들이 많았다. 그러나 오늘날은 법계 제도라고 해서 사미(니) 5급, 비구(니) 4급처럼 공무원 같은 급수 제도가 확립돼 있다. 이는 고려 시대까지 존재했던 국사와 왕사, 그 아래로 쭉 펼쳐진 승과와 승직 제도를 현대적으로 변용한 것이다. 이러한 급수 제도를 통해 자격에 제한을 두기 때문에 지금은 사미(니)로 남는 경우가 거의 없다. 또 이런 경우는 승단에서 활동을 할 수도 없다. 사미(니)는 승단에서 받아들이기는 했지만 정식 승려가 아닌 일종의 예비 회원(준회원)이기 때문이다. 그러므로 의결권이나 투표권과 같은 기본권을 가질 수 없다.

복잡한 사미(니) 제도

사미(니)는 본래 사찰에 거주하는 어린아이를 뜻했다. 이를 현재 예비 승려의 의미로 바꿔서 사용하면서 관련 제도나 의미에서 불일치가 발생하게 된다. 예를 들어 사미(니) 수계는 정식 수계가 아니기 때문에 본래 출가 연수를 기준으로 계산하는 법랍(하랍)이 없다. 실제로 고대 인도불교에서 사미(니)는 나이에 의해 서열을 정하곤 했다. 왜냐하면 나이가 차면 비구(니)계를 받아서 정식 승려가 되기 때문이다. 이는 출가 시점을 기점으로 순서와 서열을 정하는 불교의 기준과는 다른 부분이다. 즉 사미(니)는 정상적인 승려가 아니기 때문에 관련 제도 면에서 예외 조항을 두는 것이다.

종단 내에서 주민등록번호와 같은 기능, 즉 종단 소속의 승려임을 증명하는 고유 번호인 '승적번호'를 예로 살펴보자. 현대에도 종단에서 승려에게 승적번호를 부여하는 시점은 사미(니)계를 받는 때가 아니라 비구(니)계를 받는 시점이다. 사미(니)계를 받는 상황에서는 임시 번호만 부여한다. 사미(니)계를 받은 예비 승려가 정식 승려가 되려면 반드시 종단에서 지정한 필수 교육 과정(기본 교육)을 반드시 이수해야만 한다. 그런데 이 과정에서 상황이 여의치 않아 비구(니)계를 받는 시점이 늦어지는 경우도 생긴다. 그러면 비슷한 시기에 출가해 동시에 사미(니)계를 받은 동기(도반)의 후배가 될 수도 있다. 불교에서는 법랍, 즉 비구(니)계를 받아 정식 승려가 된 시점을 기준으로 서열을 정하기 때문이다. 종단에서 정한 통과 과정을 제대로 거쳐야 정식 승려가 되고, 승적번호를 부여받을 수 있기에 순서의 역전이 발생하는

외국인 행자들이 교육을 받고 있다.

것이다. 출가 햇수 등을 이야기할 때 사미(니)계를 받은 시점(수계 연도)과 비구(니)계를 받은 시점(승적번호), 두 가지 기준이 있다는 얘기다. 물론 종단에서 인정하는 기준은 승적번호에 의한 것이다. 그러나 단순히 승적번호만을 기준으로 논하기에는 어려운 부분이 존재한다.

대학에서는 입학 연도를 기준으로 선후배가 결정된다. 그러나 대학원에서는 좀 복잡해진다. 대학원은 대학처럼 한 해 한 해 학년이 올라가며 졸업하는 구조가 아니기 때문이다. 대학원에서는 학기를 모두 이수한 뒤 논문을 제출하고 그것이 통과돼야 졸업과 학위가 인정된다. 즉 대학의 입학제와 달리 대학원은 졸업제인 것이다. 대학원에서는 늦게 입학했어도 먼저 졸업하는 사람이 있을 수 있다. 즉 선후배 관계를 따질 때 입학을 기준으로 하느냐 아니면 졸업 시점을 기준으로 하느냐 하는 문제가 있는 것이다. 바로 이 같은 문제가 현행 조계종의 사미(니) 제도에도 존재한다. 이 문제를 파고들면 사미(니) 제도가 애초에 예비승 제도가 아니었던 '역사'와 연결돼 있음을 알게 된다.

사미의제와 만의縵衣

사미(니)는 정식 승려가 아닌 예비 승려다. 그러므로 정식 가사를 착용할 수 없다. 이러한 이유로 조계종에서 제정한 것이 '만의'다. 만의란 조각되지 않은 옷이라는 의미로, 비구(니)의 가사와 달리 재단되지 않은 통 천으로 만든다. 가로로 긴 장방형의 보자기를 생각하면 되겠다. 즉 가사

색은 조계종의 정식 승려와 같지만 가사 만듦새에 차이를 둠으로써 예비 승려임을 분명히 표시하는 것이다. 또 사미(니)의 의복 깃에는 고동색 테두리를 넣는다. 고동색 한복 깃(동정)을 생각하면 이해하기 쉽다. 또 소매 끝에도 고동색 테두리를 넣는다. 이렇게 의복에 만의와 고동색 테두리를 두는 것을 일컬어 사미의제라고 한다. 즉 사미(니)만의 특수한 복장이라는 의미다. 이를 통해 사미(니)는 한눈에 예비 승려임을 알린다.

승가대학(강원)으로 수업을 듣기 위해 줄지어 가고 있는 학승들. 의복에 고동색 테두리가 있고 가사가 통천으로 되어 있으면 사미(니)계만 받은 승려라는 의미다.

기본 교육 과정과
식차마나니

기본 교육 과정과 사찰 승가대학

과거에 사미(니)는 나이가 스무 살 이상이 되면 비구(니)계를 받아 정식 승려가 되었다. 그러나 조계종에서는 1994년부터 사미(니)가 비구(니)가 되려면 4년간의 기본 교육을 이수하도록 제도화했다. 이것을 기본 교육 과정이라고 한다. 붓다 당시는 스무 살이 넘은 이가 출가하면 곧바로 비구(니)가 될 수 있었고, 사미(니)란 미성년을 의미했다. 그러나 후대로 가면서 출가 방식이 '신도 → 사미(니) → 비구(니)' 구조로 정착된다. 또 율장에는 비구(니)가 된 후 최소 5년 동안은 교육을 받도록 되어 있다. 이는 승단 생활에 익숙하지 않은 (초보) 비구(니)가 승단의 문화를 익히고, 또 불교 교리나 명상 같은 기법을 습득하는 데 걸리는 최소한의 기간을 상정한 것이다.

식차마나니 수계산림

그러나 사미(니)를 거쳐서 비구(니)가 되는 과정이 정착되면서 교육의 상당 부분이 사미(니)와 관련해 이루어지게 된다. 이 같은 측면이 현대적으로 제도화된 것이 조계종의 '사미(니) → 기본 교육 → 비구(니)' 구조다.

사미(니)의 기본 교육 과정은 크게 세 곳에서 이루어진다. 첫째는 사찰의 전통 교육 기관인 강원 즉 사찰 승가대학이다. 둘째는 현대식 교육 제도인 대학으로, 동국대학교 불교대학과 중앙승가대학교가 여기에 해당한다. 마지막으로 참선을 수행하는 기본선원이다.

먼저 사찰 승가대학은 유교의 서당과 같이 불교 안에 있던 전통 교육 기관이다. 오늘날에는 종교의 기능과 역할이 종교 생활로만 제한돼 있다. 하지만 과거는 달랐다. 종교가 교육·여관·시장·은행·공연 예술 등 여러 기능을 복합적으로 수용·수행했다. 그럴 수밖에 없었던 것이 정부가 완전히 통제하지 못하는 사각지대를 종교가 중심이 돼 돌봤기 때문이다.

불교와 관련해서 본다면 우리의 남사당패나 그림자놀이 같은 것들 모두 불교의 포교 수단이었으며, 그 과정에서 발전한 것이다. 또 불교에서는 과거에 빈민 구제를 위해 무상으로 자금이나 물품을 지원하기도 했다. 이것을 무진장無盡藏이라고 하는데, 오늘날까지 무진장이라는 말은 '아주 많아서 다함이 없다.'는 뜻으로 사용된다. 또 사찰은 때때로 여관 기능을 하기도 했다. 과거 숙박 시설이 흔치 않던 시절에는 대규모의 시설을 갖춘 종교 시설을 여관으로 활용했던 것이다. 오늘날 우리가 자주 쓰는 '바자회'라는 말도 알고 보면 종교와 관련이 있다. 바자회라는 말은 '바자르'에서 나온 것인데 이것은 본래 이슬람교 사원인 모스크 앞에 펼쳐진 시장을 뜻한다. 과거에 종교 시설이 들어선 곳에는 당연히 많은 사람이 모였다. 사람들이 모이니 시장이 형성되고 점차 번화가로 발전한 것이다. 학교의 발전 역시 종교와 관련이 깊다. 해당 종교의 성직자를 양성하기 위해서는 교육이 필수적이기 때문이다. 실제로 유럽의 역사와 전통을 간직한 학교들은 가톨릭 교육 기관에서 발전됐거나 분리된 경우가 많다. 그러나 사회가 발전하고 국가의 역할이 강화되면서 종교는 자신들이 주관했던 여러 영역을 차례로 독립시키게 된다. 결국 종교적 기능에만 충실한 쪽으로 영향력이 축소된다.

사찰 승가대학은 현재까지 남아 있는 불교의 전통 교육을 담당한다. 과거 전통적인 교육 과정은 9년에서 14년 과정까지로 다양했다. 요즘으로 치면 초등 교육 과정에서 대학 과정까지에 해당하니 수학 연수가 길 수밖에 없다. 그러나 현대에 들어서서 전통 교육 과정은 불교와 관련된 보충 교육 정도로 제한되었기에 전체가 4년 과정으로 단축·통일되었다.

4년 교육 과정은『사미율의』·『치문경훈』을 배우는 1학년 치문반과『서장書狀』·『도서都書』·『선요禪要』·『절요節要』를 배우는 2학년 4집반 그리고『능엄경』·『기신론』·『금강경』·『원각경』을 배우는 3학년 4교반과『화엄경현담』을 배우는 대교반이 있다. 대교반은『화엄경』을 배운다고 해서 화엄반이라고도 하는데, 과거에는『화엄경』을 배웠지만 현재는 교육 기간이 축소돼『화엄경현담』을 배우는 정도에서 그친다. 그런데도 화엄반이라는 과거의 명칭은 유지되고 있으니 흥미롭다. 이 외에도 과거에는『선문염송』·『경덕전등

운문사 승가대학(강원) 풍경

승가대학 교과목(출처 : 대한불교조계종 홈페이지)

학년 \ 학기	1학기	2학기
1	1. 한문불전강독 Ⅰ	1. 한문불전강독 Ⅱ
	2. 불교개론	2. 초기불교 이해
	3. 계율개론	3. 선학개론
	4. 세계불교사(동영상)	4. 한국불교사
	5. 선택과목	5. 선택과목
2	1. 한문불전강독 Ⅲ	1. 한문불전강독 Ⅳ
	2. 초기불전 Ⅰ	2. 반야 · 중관사상(동영상)
	3. 불교문화유산의 이해(동영상)	3. 불교상용의례 Ⅱ
	4. 불교상용의례 Ⅰ	4. 불교영어 Ⅱ
	5. 불교영어 Ⅰ	5. 선택과목
3	1. 한문불전강독 Ⅴ	1. 한문불전강독 Ⅵ
	2. 선어록 강독 Ⅰ	2. 간화선이해
	3. 계율과 불교윤리(동영상)	3. 정토사상
	4. 포교방법론(동영상)	4. 유식 · 여래장사상
	5. 선택과목	5. 선택과목
4	1. 한문불전강독Ⅶ	1. 한문불전강독Ⅷ
	2. 화엄사상	2. 불교와 사회(동영상)
	3. 선택과목	3. 선택과목
		※ 졸업논문, 시험, 평가

록』·『법화경』을 연구하는 과정도 있었다. 그러나 현재 이러한 연구 과정은 과거의 유산으로만 남아 있다. 승가대학과 다른 상위의 교육 과정이 잘 발전돼 있기 때문이다.

사찰 승가대학 교재들은 선종의 선 사상을 이해할 수 있는 배경과 관련한 경전들과 핵심적 선사들이 남긴 중요한 글들이다. 이것들은 고려 중기 이

후 본격적으로 교재로 정리돼 활용되다가 조선 중기에 오늘날 같은 체계로 완성된다. 즉 사찰의 전통 교육 기관과 교육 체계는 400년 이상의 전통을 자랑하는, 우리나라에 현존하는 가장 오래된 대학으로서 보존해야 할 문화적 전통인 것이다.

그러나 전통 교육 과정은 현대의 대학 교육에 밀려 강원이나 강당이라는 전통 명칭이 승가대학으로 바뀌고, 또 교과목 또한 2010년부터 현대에 맞는 불교적인 과목으로 대대적으로 개편되었다. 이로 인해 선종 중심의 학제는 불교학 개론이나 초기불교 및 불교사 같은 다양한 과목을 이수하도록 변모했다. 이 같은 개편이 현대에는 더욱 효율적이라는 데는 의심의 여지가 없다. 그러나 동시에 전통 승가 교육의 입장에서 보면 재고의 여지가 있다. 어떤 의미에서 이 같은 변화는 가장 오래된 불교 전통의 무형 유산을 변형시키는 것일 수도 있기 때문이다.

불교대학과 기본선원

조계종에서 사미(니)의 기본 교육 과정으로 인정하는 대학은 단 두 곳뿐이다. 조계종 소속의 동국대학교 불교대학 학과들과 중앙승가대학교이다. 즉 모든 대학 교육을 기본 교육으로 인정하는 것이 아니라 불교와 관련된 소양을 함양할 수 있는 조계종 관련 학교만 인정한다. 불교와 관련된 대학은 이 두 대학 이외에도 천태종의 금강대학교와 진각종의 위덕대학교, 원불교의 원광대학교와 영산선학대학교가 있다. 그러나 이들 대학은 각

백담사에 위치한 기본 선원.

기본 선원은 조계종이 선종이기 때문에 선 수행을 위해 특별히 설치한 교육 과정이다. 사미는 정식 승려가 아니기 때문에 일반 선원에서는 받지 않는다. 기본 선원은 2002년부터 설악산 백담사를 중심으로 새로운 체계를 갖추어 운영되고 있다.

종단의 성직자를 양성하는 대학이므로 조계종에서는 기본 교육 과정으로 인정하지 않는다. 이는 다른 종단의 입장에서도 마찬가지다. 그럴 수밖에 없는 이유는 각 종단과 종교에 따라 반드시 배워야 하는 학문이 다르기 때문이다. 개신교에 많은 신학대가 존재하는 이유 역시 마찬가지다.

동국대학교 불교대학 불교학부에 입학한 사미(니)들은 모두 단체로 기숙사 생활을 해야 한다. 중앙승가대학교는 조계종 승려만을 위해 설립한 교육 기관이다. 가톨릭 신학대를 떠올리면 이해하기 쉽겠다. 이는 원불교의 영산선학대학교도 마찬가지다. 그러나 중앙승가대학교는 다른 군소 종단의 교육 과정이 미비할 수 있음을 고려해 타 종단 승려들도 수학할 수 있도록 길을 열어 놓고 있다.

끝으로 기본 선원은 조계종이 선종이기 때문에 선 수행을 위해 특별히 설치한 교육 과정이다. 사미(니)는 정식 승려가 아니기 때문에 일반 선원에서는 받지 않는다. 이는 참선을 목적으로 출가하는 분들에게 문제가 될 수 있다. 그래서 1996년 대구 동화사에 기본 선원을 열어 기본 교육을 받을 수 있도록 한 것이다. 이후 기본 선원은 2002년 설악산 백담사를 중심으로 하는 새로운 체계를 정립하게 된다.(사미니는 사미와는 다른 장소에서 운영) 기본 선원은 참선을 중심으로 하지만 참선만 하면 불교 교리나 체계를 이해하는 데 문제가 있을 수 있으므로 교과 안거라고 해서 중간 중간 교육 프로그램을 운영하고 있다.

기본 교육을 모두 마치면 비구(니)계 자격이 주어진다. 그러므로 비구

(니)계는 사미(니)계를 받은 후 만 5년이 지나야 받을 수 있다.

식차마나니 式叉摩那尼

사미는 기본 교육만 이수하면 곧 비구가 될 수 있는 자격을 얻는다. 그러나 사미니는 비구니가 되기 위해 기본 교육을 받는 중간에 식차마나니 수계를 한 번 더 해야 한다. 식차마나니는 붓다 당시부터 있었던 제도로, 여성의 임신 여부를 판별하기 위한 것이다.

오늘날에는 여성의 임신 여부를 쉽게 판단할 수 있지만, 과거에는 임신 여부를 알 수 있는 방법이 마땅치 않았다. 그렇다 보니 기간을 여유 있게 두고 임신 여부를 살피는 것 외에 다른 방법이 없었다. 이러한 이유로 출가한 여성에게는 2년간의 유예 기간을 두고, 2년이 지나 임신을 하지 않았음이 증명되면 식차마나니 수계를 통해 정식 비구니가 될 수 있도록 했다. 이렇게 놓고 보면 본래 식차마나니는 비구니가 되는 과정에 있는 것이지, 사미니 과정에 포함된 것이 아니다. 그러나 현대는 일단 사미니로 지내다가 비구니가 되므로 사미니 과정에 식차마나니 수계가 존재한다.

식차마나니는 '올바른 가르침과 계율을 익히는 여성'이라는 뜻이다. 식차마나니계는 총 여섯 가지로 이를 육법法이라고 하는데, 사미(니) 십계보다 오히려 약하고 간소하다. 『사분율』 권48에 따르면 육법은 ① 이성과 접촉하지 마라 ② 아무리 사소한 것도 훔치지 마라 ③ 작은 생명이라도 죽이지 마라 ④ 농담으로라도 거짓말하지 마라 ⑤ 정해진 때가 아니면 먹지 마라 ⑥ 술

식차마나니 수계산림

마시지 마라 등이다. 식차마나니의 육법은 사미(니) 십계에 모두 포함되는 것이다. 그러므로 사미(니)계를 받은 후에 식차마나니계를 받는 것은 다소 모순적이다. 이 같은 모순은 사미니 십계와 식차마나니 육법이 본래 별도로 만들어져 기능하던 것이기 때문이다. 또 식차마나니의 목적이 임신 여부 판별에 있었기 때문이기도 하다.

 붓다 당시 교단이 성립될 때 가장 먼저 존재한 사람들은 비구다. 그 다음이 사미다. 비구니와 사미니는 붓다가 여성 출가를 용인한 후에 동시에 성립된 것으로 볼 수 있다. 그러나 비구니 중 임신 상태로 출가한 경우가 있어 문제가 되자, 다시 식차마나니라는 제도가 생겨난 것이다. 즉 '비구→사미→비구니·사미니→식차마나니'의 순으로 생각하면 되겠다. 당시 식차마나니가 된다는 것은 비구니와 사미니를 가리지 않고, 사찰에 들어와 2년이 지난 뒤 임신과 관련된 문제가 없음을 뜻했다.

구족계 및
보살계

구족계와 율장의 구조

구족계具足戒란 비구(니)계를 의미한다. 사미(니)계나 식차마나니계가 예비 승려에 대한 계율이라면 구족계는 승단의 정식 일원으로서 받는 온전한 계율이다. 그래서 '전체를 갖추었다.'는 뜻에서 구족계라고 하는 것이다.

승단 구성원이 반드시 지켜야 하는 공통 규율을 어기면 그에 합당한 징벌이 따른다. 징벌은 계율을 어긴 경중에 따라 다르다. 제적에 해당하는 불공주不共住에서부터 자격 정지와 반성에 해당하는 참회까지 다양하다.

계율은 크게 세 가지로 나눌 수 있다. 첫째는 승단 생활의 원활한 유지를 위한 상호 규칙, 둘째는 승단 및 스님과 사회와의 관계에서 문제가 발생하지 않도록 하는 규정, 마지막으로 승단의 종교 의식 방법과 관련된 부분이다.

구족계의 계목은 동아시아불교에서 일반적으로 상용되는 『사분율』을 기본으로 만든 것이다. 비구는 250계, 비구니는 348계를 받는다. 비구니가 지켜야 할 계율이 비구보다 백여 개가 더 많은데, 이는 여성의 신체적 특징이나 계율을 정할 당시 여성에 대한 사회적 편견을 해소하기 위해 기존 계율을 보완해야 했기 때문이다. 예컨대 생리를 고려해 비구니는 반드시 속옷을 갖춰 입게 한 것, 또는 신변의 안전을 고려해 비구니는 한적한 곳에서 홀로 수행할 수 없도록 한 것 등이 그것이다. 비구니가 받는 계율은 일견 불평등해 보이지만 여성의 신체적 특징이나 당시의 사회 인식에서 보면 이것이야말로 진정한 평등을 위한 가치였다.

구족계를 받는다는 것은 이 비구 250계와 비구니 348계를 받는다는 것을 의미한다. 또 구족계란 승단의 규율이기 때문에 구성원 전체가 모든 항목을 암송해야 했다. 이는 승단의 정식 일원으로 인정받는다는 것을 의미하며, 여기에는 당연히 권리와 의무가 동반된다. 그렇기 때문에 의무를 회피하기 위해 뒷날 명자사미 같이 비구(니)계를 거부하고 사미(니)로 남는 사람들이 발생한 것이다. 물론 사미(니)로 남으면 의무도 부가되지 않지만 동시에 권리도 존재하지 않는다.

비구(니)의 기준과 나이 문제

비구란 산스크리트 빅슈bhikṣu를 음역한 것으로 탁발 수행을 하는 남자 승려를 의미한다. 마찬가지로 비구니란 빅슈니bhikṣuṇī를 음역한 것으로 탁발하는 여성 수행자를 가리킨다. 인도 수행 문화의 기본은 탁발, 즉 직접 음식을 조리해 먹는 것이 아니었기 때문에 이 부분이 강조된 것이다.

비구와 비구니는 정식 승려를 뜻하는데 정식 승려로 인정하는 기준은 성인인가 아닌가 하는 것이었다. 그런데 과거에는 성인을 판단하는 기준이 한 가지가 아니었다는 데 문제가 있다. 과거에 성인에 대한 기준은 총 세 가지였다. 이는 오늘날에도 일부 유효하다. 첫째는 스무 살이라는 나이와 관련된 것이다. 이는 『사분율』 등의 율장에서도 살펴진다. 둘째, 결혼 여부다. 결혼한 사람은 스무 살이 되지 않아도 성인으로 인정해 정식 승려가 될 수 있었다. 고대에는 스무 살 이전에 결혼을 했다. 여성은 결혼 연령이 남성보다 더 빨랐다. 『빨리율』 등에는 결혼한 여성에 한해 열 살에 출가해 식차마나니를 거쳐 열두 살에 비구니가 된 경우가 수록돼 있다. 열두 살이 율장이 전하는 가장 빠른 정식 승려의 연령이다.

인도에서만 스무 살이라는 나이와 결혼 여부로 성인을 판단한 것은 아니다. 과거 여러 문화권에서도 이 같은 기준을 적용한 것이 살펴진다. 조선에서도 『주자가례』에 따라 스무 살에 관례를 올려 성인이 되는 방식이 있는 반면, 결혼을 통해 소위 상투를 올려 성인이 되기도 했다. 이 중 성인의 판단 기준을 나이로 보는 문화는 현재까지도 이어지고 있다.

그런데 이 스무 살이라는 나이 기준 역시 지역별 문화 차이로 실질적으로는 탄력적으로 적용되곤 했다. 이것이 바로 세 번째 성인 판단 기준이다.

第28回 單一戒壇 具足戒 授戒山林

구족계 수계산림

우리나라의 주민등록증 발급 나이가 열여덟 살인 것을 생각해 보면 된다. 주민등록증을 발급받는다는 것은 이때부터 보호자의 도움이 없어도 독립적인 사회 구성원이 된다는 것을 의미한다. 그러므로 이를 성인과 같은 개념으로 해석할 수도 있다. 즉 제3의 성인 기준이 존재한다는 말이다. 고대 인도는 영토가 넓기 때문에 성인에 대한 기준 역시 다양했다. 실제로 붓다의 사촌동생이자 시자였던 아난은 붓다보다 스물네 살에서 스물일곱 살 정도 어렸다. 아난의 출가 당시 붓다의 나이가 마흔한 살로 추정되므로 아난은 십 대 중반 무렵 비구로 출가했다는 것을 알 수 있다. 붓다의 종족인 석가족은 성인의 기준이 되는 나이를 매우 이르게 잡았던 것이다.

그렇다면 왜 다소 애매한 성인이라는 개념을 기준으로 정했을까? 이유는 간단하다. 정식 승려는 스스로를 책임질 수 있어야 했기 때문이다. 즉 수행자로서 다른 사람들에게 피해를 주지 않을 수 있느냐가 정식 승려가 되는 핵심 관건이었던 것이다.

구족계와 보살계의 이중성

동아시아불교는 대승불교이기 때문에 구족계 수계 때 비구(니)계와 더불어 보살계를 함께 받는다. 보살계는 대승불교의 이상 인격인 보살이 되기 위한 계율로 『범망경』에 근거한다. 구족계가 승단의 유지나 문제를 해소하는 방식으로 구성돼 있다면, 보살계는 중생을 구제하고 고통을 덜어 주는 적극적이며 대사회적인 실천으로 열려 있다. 대승불교에서는 승려 스스로 계율을 어기지 않는 것도 중요하지만, 다른 사람도 그렇게 하지 않도록 하는 역할도 귀하게 여긴다. 즉 중생 구제라는 실천적 자비의 관점에 핵심을 맞춘 것이 바로 보살계인 것이다.

『범망경』의 보살계는 십중금계禁戒와 48경계라고 해서 열 가지 중요한 금지 계율과 마흔여덟 가지 소소한 계율, 두 가지로 구성돼 있다. 이 중 십중금계만을 언급해 보면 ① ~ ⑤ 까지는 신도 오계와 큰 차이가 없다. 다만 다섯 번째 항목에서 술을 마시지 말 것을 넘어서 술을 팔아도 안 된다고 명시돼 있다. 승려가 술을 판다는 것은 비상식적인 일이다. 이러한 계율이 있는 이유는 『범망경』 보살계가 승려와 신도가 겸하여 받는 계율이기 때문이다. ⑥ ~ ⑩의 내용은 다음과 같다. ⑥ 불교 안의 문제를 밖으로 말해서는 안 된다 ⑦ 자신은 높이고 타인은 험담하지 마라 ⑧ 내 것을 위해 타인을 비방하지 마라 ⑨ 성내는 마음으로 타인의 뉘우침을 받아주지 않으면 안 된다 ⑩ 불법승 삼보를 비방하지 마라 등이다.

이 중 ⑥이나 ⑩을 통해 우리는 이 보살계가 만들어질 당시 불교가 다른 종교와 치열한 경쟁 상태에 있었다는 것을 알 수 있다. 그렇기 때문에 비판은 안에서 해야지 밖으로까지 유출해서는 안 된다는 점을 강조한 것이다. 이는 오늘날 다종교 사회에서도 필요한 일 중의 하나다. 그러나 이 부분을 너무 강조하는 경우 종교의 자정 능력에 문제가 생길 수 있다는 점은 주의해야 한다.

사분율과
청규

문화권의 차이와 계율

　　계율이란 인도 문화권을 바탕으로 하는 승단의 유지 규칙이다. 즉 계율은 그것이 만들어진 배경 문화로부터 결코 자유로울 수 없다는 말이다. 마치 우리는 다른 사람을 만났을 때 허리를 굽혀 인사를 하지만, 이러한 인사 문화는 동아시아를 벗어나면 제 기능을 하지 못하는 것과 같다. 즉 로마에 가면 로마법을 따라야 하는 문제가 발생하는 것이다. 인도차이나 반도처럼 인도 문화권을 공유한 지역에서는 계율의 문화적 충돌이 크지 않다. 그러나 불교가 인도와 문화 배경이 완전히 다른 중국으로 넘어오면서 계율의 불일치 문제가 심각해진다. 예컨대 중국에서는 인도에서와 달리 탁발이 사실상 불가능하고, 또 기후 차이로 가사만 입고서는 살아갈 방법이 없다. 이렇게 해서 동아시아 스님들은 가사와는 별개의 승복을 입게 된 것이다. 물론 개중에는 문화 차이로 계율을 적용할 수 없어 더 편해지는 부분도 있다. 동아시아는 기후가 추운 편이기 때문에 몸에서 냄새 나는 일이 적다. 그래서 인도인들처럼 꽃으로 몸을 장식하고 향유를 뿌리지 않는다. 즉 사미(니) 십계 중 이 부분(화려한 치장과 향수를 사용하지 않을 것)은 무력화되는 것이다. 그러나 인도 특유의 자연환경을 배경으로 만들어진 계율, 즉 무더운 날씨 탓에 음식이 상하기 쉬우므로 '정오 이후에는 음식을 먹지 않는다.'는 규정은 지킬 수 없었다. 이 같은 불일치의 정도가 적당했다면 일종의 편법을 통해서라도 계율을 유지할 수 있었을 것이다. 그러나 동아시아불교는 인도와 문화적 차이가 워낙 컸던 탓에 계율과 현실의 불일치 문제가 심각한 수준에 이른다. 즉 계율은 받았지만 자신들이 처한 환경에서는 이것을 실천할 수 없었던 것이다.

보수주의의 선택과 묵수

불교가 동아시아에 전래되면서 계율을 어떻게 수용하고 처리할 것이냐 하는 것은 매우 심각한 문제였다. 그러나 문제의 성격상 답을 쉽게 찾을 수 없었다. 계율이 현실적으로 자신들의 상황과 맞지 않다는 사실을 알지만 그렇다고 해서 이것을 수정할 수는 없었다. 교조인 붓다가 제정한 것을 실정에 안 맞는다는 이유로 뜯어고칠 수는 없었기 때문이다. 이 같은 문제가 장기간 표류하는 상황에서 당나라 시대에 이르자 '힘들어도 계율을 지

운력

키자.'고 주장한 종파가 등장한다. 중국 당나라의 수도 장안의 남쪽 남산에 위치한 백천사白泉寺에서 『사분율』을 연구한 도선道宣(596~667)을 중심으로 한 종파다. 이 종파를 남산율종이라고 한다. 오늘날 동아시아불교에서 율장을 사용할 때 『사분율』을 기본으로 하고, 또 수계 때 비구 250계와 비구니 348계를 받는 것도 모두 도선 때문이다. 또 도선의 남산율종은 도선과 교류하며 계율을 담론했던 신라 시대의 자장에 의해 우리나라에도 전파된다. 이렇게 해서 우리나라에 세워진 핵심 사찰이 바로 경남 양산의 통도사다.

그러나 인도 문화를 바탕으로 성립된 계율을 동아시아에서 실천하는 것은 매우 어려운 일이었다. 즉 계율을 지키는 일에만 전념해야 하는 문제가 발생하는 것이다. 그러나 승단의 계율은 국가로 말하자면 법과 같은 것일 뿐이다. 법은 국민이 힘들게 지켜야 하는 규범이 아니다. 평범한 소시민이라면 법 없이도 살 수 있을 정도의, 최소한의 기준에 불과하다. 그러므로 계율을 지키는 것 자체에만 전념하는 것은 문제가 있는 행동이라고 하겠다. 즉 계율은 깨달음이라는 불교의 목적에 도달하는 수단일 뿐인데, 오히려 전도돼 계율에 종속되는 문제가 발생하는 것이다. 그러므로 이를 비판하는 목소리가 나타난다. 이것은 참선을 통해 깨달음에 곧장 도달한다고 주장한 선종에서 살펴진다. 즉 형식주의와 실질주의가 충돌하게 되는 것이다.

선종의 제안, 청규

선종의 주장은 '깨달음이라는 목적에 집중하자.'는 것이다. 그리고 계율 문제에 대한 해결 방법으로 제시한 것이 계율을 받기는 하나 이것을 현실적으로 지킬 수 없으니 사찰에서 실정에 맞는 조례를 따로 제정하자는 것이었다. 이렇게 해서 만들어진 것이 바로 '선원청규禪苑淸規'다. 이 같은 방식을 택한 최초의 인물이 백장百丈(懷海, 720~814)이기 때문에 이를 백장청규라고도 한다.

청규란 '청정한 규약'이라는 의미로 산사에서 참선 수행을 하는 스님들이 지키는 사찰의 내규다. 청규는 계율처럼 모든 스님들에게 통하는 보편적인 율이 아니라, 해당 사찰의 스님들이 모여 정한 일종의 자율 조례다. 학교에 비유해 보면 선생님이 정한 학급의 급훈 정도로 이해하면 되겠다. 그러므로 지킬 만한 내용으로 만들어지며 해당 사찰을 벗어나면 규율로서의 효과는 사라진다. 마치 급훈이 그 반 학생들의 목표일 뿐 다른 반 학생이나 전교생에게는 무관한 것처럼 말이다.

청규가 만들어지자 계율을 받아서 출가하지만 실천하기 어려운 문제를 일부 해소하게 된다. 즉 계율은 출가 방식과 관련된 형식으로 보존하고, 실정 규율은 청규를 따르는 이중성이 해법으로 도출된 것이다. 계율에 관한 문제는 문화 차이라는 장벽에 가로막혀 제아무리 시간이 지나도 해결할 수 없었기에 청규에 의한 해법은 선종 사찰들을 중심으로 유행하게 된다. 또 청규는 붓다가 제정한 계율과 달리 해당 사찰의 특징에 맞춰 수정하기가 용이했다. 즉 사찰 구성원들의 합의에 의해 맺어지고 풀어지는 것이 청규인 것이다. 청규의 파급 효과는 매우 컸다. 실제로 한국불교 역시 이 같은 이중성을 견지하며 현대에 이르고 있다.

그러나 각 사찰마다 다른 청규를 갖는다는 것은 규칙의 통일성 문제를 야기한다. 그러므로 현재는 각 종단마다 '종헌종법'이 제정돼 있다. 국가로 말하자면 '종헌종법'은 국법에 해당한다. 계율은 종교적 상징법이라고 할 수 있으며, 청규는 관습법에 준한다고 하겠다.

법계
제도

출가 중심이냐, 능력 중심이냐

불교는 일반적으로 출가 순서, 즉 불교에 입문한 시기를 기준으로 위계를 정한다. 군대를 생각하면 되겠다. 그런데 이런 방식이 조직의 위계를 정하는 유일한 기준이 될 경우 그 조직은 무능한 집단이 되기 쉽다. 그래서 붓다는 출가 시기를 기준으로 한 법랍제를 바탕으로 해서 '아사리'라는 능력제를 갖추도록 했다.

아사리阿闍梨란 산스크리트 아카리야ācārya를 음역한 것으로, 불교의 가르침을 잘 알아서 다른 이들을 가르칠 수 있는 교수 스님을 의미한다. 흔히 아사리는 화상과 같이 언급되곤 한다. 화상이란 원래 출가한 지 10년이 넘어 제자(상좌)를 받을 수 있는 사람을 의미한다. 그래서 인도불교에서는 화상이 은사를 칭하는 표현이기도 하다. 아사리는 승려를 교육시키는 사람이니 처음 출가한 승려에게는 부모와 스승에 해당하는 화상과 아사리가 가장 중요하다. 그래서 화상과 아사리가 병칭되는 것이다.

그러나 동아시아불교에서 화상은 아사리와 비슷한 의미로 이해된다. 그래서 능력 있고 지식이 풍부해 훌륭한 스님을 화상이라고 하게 되었다. 그런데 재미있게도 이 말이 세속화되면서 의미가 변한다. 마치 사장님이라는 말이 이제는 회사의 사장만이 아니라 중년 남성을 부르는 일반적인 호칭이 된 것과 비슷하다. 또 조선 시대에는 영감令監이라는 표현이 본래 종2품에서 정3품에 해당하는 당상관을 가리키는 표현이었지만, 지금은 나이 든 노인을 부르는 말로 전락한 것과 같다. 조선 시대에는 국왕을 상감上監이라 부르고, 정2품까지는 대감이라고 했으며, 그 아래의 고관은 영감이라고 했다. 그러던 것이 대감이 일반 양반을 부르는 존칭으로 사용되면서 영감은 평민 노인을 부르는 말로 전락한 것이다. 화상 역시 이와 다르지 않다. 결국 속화라는 우여곡절을 겪으면서 '야, 이 화상아'처럼 문제 있는 사람을 부르는 말로까지 전락한 것이다. 더 우스운 사실은 경상도에서는 부인이 남편을 '우리 화상'이라고 부른다는 것이다. 이는 불교문화가 민가에까지 영향을 미치면서 생긴 웃지 못 할 일이라고 하겠다.

아사리는 세간에 아사리판이라는 말로 남아 있다. 아사리판은 야단법석같이 혼란하다는 의미다. 학식이 풍부한 아사리 두 사람이 논쟁을 하면 일종의 끝장 토론 같은 상황이 벌어져 어수선해지기 때문이다.

불교에서 아사리는 전 시대에 걸쳐 특별히 존중되었으며, 법랍이라는 위계를 초월했다. 이는 불교를 강하게 만들고 계속해서 발전시키려는 붓다의 의지이기도 했다. 불교의 역사에서 보면, 아사리가 법랍의 문화를 능가할 때 불교는 발전했다. 그러나 아사리들이 활발하지 못하고 법랍에 의한 연공서열제 비슷한 풍토가 만연했을 때는 발전하지 못했다.

현대의 조계종에서는 2011년부터 교육 아사리 제도를 두어, 조계종 승려들 중 박사 학위를 받고 교육이나 연구에 종사하는 분들을 따로 관리하고 있다.

고려의 법계 제도

붓다의 아사리 우대는 동아시아에서 불교가 발전했던 시기에 법계 제도로 드러난다. 법계 제도란 승려들의 과거인 승과를 통해 스님들의 직급을 나누는 제도다. 즉 공무원 조직에서 호봉제가 불교의 법랍제라면, 급수는 법계 제도인 것이다. 급수는 시험에 따른 능력제로 이해하면 되겠다.

고려 시대에는 황제국을 주장한 제4대 광종光宗(925~975, 재위 949~975) 때부터 법계 제도를 운영했다. 이때 3년에 한 번씩 승과를 치르면서 능력에 입각한 법계 제도를 확립했다.

법계 제도가 확립된 상황에서 공부를 열심히 하지 않으면 승단에서 위치가 흔들린다. 즉 전문화된 조직에서는 단순히 관록만으로 발언권을 갖기 힘든 것과 같다. 군대에서 군 생활은 오래했지만 진급하지 못하는 군인과 육

출가에서 입적까지

군사관학교 출신으로 진급이 빠른 군인을 비교해 보면 되겠다. 법계 제도의 확립으로 승단은 능력 있는 승려들이 주도하게 된다. 이렇게 되면 당연히 불교는 발전한다.

그런데 조선 시대에 들어서면서 법계 제도는 유명무실해진다. 승과가 사라지자 승단은 결국 법랍에 의한 연공서열에만 의존하는 무능한 집단으로 전락한 것이다. 조선 시대에도 문정왕후의 후원으로 불교가 활성화된 문종 때 허응당 보우(1509~1565)에 의해 승과가 부활된다. 이때 승과를 합격한 인물이 서산과 사명이니, 승과의 역할과 의미가 분명해진다. 그러나 이때 부활된 승과는 문정왕후의 서거와 함께 곧 사라지고 만다. 이것은 조선불교의 운명과 직결되는 사건이다.

현대의 법계 제도

현대의 조계종은 과거의 법계 제도를 재정비해서 새로운 법계 제도를 만들고, 또 승과에 해당하는 승가고시를 부활시켰다.

법계 제도가 체계를 갖추었다는 점은 분명 긍정적이다. 그러나 아직은

현대 조계종의 법계 제도

	5급	4급	3급	2급	1급		
비구법계 (가사)	사미 (만의)	견덕 (7조)	중덕(9조)	대덕 (15조)	종덕 (19조)	종사 (21조)	대종사 (25조)
비구니법계 (가사)	사미니 (만의)	계덕 (7조)	정덕(9조)	혜덕 (15조)	현덕 (19조)	명덕 (21조)	명사 (25조)
출가 법랍	법랍 없음	4년	10년	20년	25년	30년	40년
응시 자격	6개월 이상의 기초교육	4년간의 기본교육	2년간의 전문교육과정+ 선원 4안거. 또는 석사+ 박사과정 수료				

승단에서 시험의 비중이 낮고 법랍에 대한 의존도가 더 높으므로 눈에 띄는 발전을 위해서는 제도적 보완이 요구된다.

　어떤 사람들은 승단에서까지 계급주의 같은 부분이 존재할 필요가 있느냐고 할 수도 있다. 그러나 집단 전체가 가라앉지 않으려면 이 같은 법계 제도는 선택이 아닌 필수일 수밖에 없다. 모든 공무원을 9급으로 뽑아서 호봉에 의해 1급까지 진급시킬 수 없는 것을 생각해 보면 이해가 쉽겠다. 또 법계 제도는 공무원 시험처럼 각자의 능력에 맞춰, 즉 10급·9급·7급·5급·3급 등의 급수를 정해 시험을 치를 수 없다. 그렇기 때문에 능력이 탁월한 스님들에 한해서는 급수를 뛰어넘어 자격을 부여하는 방법이 제도적으로 보완돼야 할 것이다.

전문 교육 과정과
율원

3급과 전문 교육 과정

4급의 비구(니)계를 받기 위해서는 4년 과정의 기본 교육을 이수해야 한다. 그러나 이것으로 교육 과정이 전부 끝난 것은 아니다. 3급을 받으려면 4급을 받은 후 10년 안에 4년간의 필수 교육을 마쳐야 한다. 필수 교육 과정은 크게 두 가지로 구성된다. 바로 전문 교육 과정 2년과 선원 생활(집중 수행) 2년이다. 이 외에도 매년 한 차례씩 2박 3일 정도의 연수와 각 법계에 따른 특별 연수(법계 과정)를 법계 기간 안에 한 번은 받아야 한다.

3급은 승단에서 매우 중요한 급수다. 3급을 받아야 상좌를 둘 수 있고, 사찰의 주지가 될 수 있으며 국장급의 소임자가 될 수 있기 때문이다. 제자를 둔다거나 주지가 된다는 것은 하나의 독립된 승려가 된다는 것을 의미한다. 그러므로 어떤 의미에서는 3급이 되어야만 비로소 진정한 승려가 되었다고 할 수 있다.

3급을 받기 위해서는 반드시 2년 과정의 교육을 이수해야 하는데, 학교로 치면 석사 과정에 해당한다. 실제로 석사 과정을 마쳐도 2년 과정의 교육을 이수한 것으로 인정한다. 그러나 대학원을 진학하기 어려운 상황도 있으므로, 종단에서는 2년짜리 대학원 과정에 준하는 교육 기관을 운영한다. 바로 승가대학원이다. 강원의 명칭이 승가대학으로 바뀌면서 승가대학원이라는 명칭도 생겼다. 승가대학원은 승가대학과 달리 종류가 많다. 승가대학이 기본 과정이라면 승가대학원은 전문 교육 과정이기 때문에 전공을 세분화한 것이다. 대략 소개하자면 율학승가대학원·한문불전승가대학원·초기불전승가대학원·화엄승가대학원 등으로, 현재 여덟 종류인데 필요에 따라 가감할 수 있다. 승가대학원에서 가르치는 내용은 명칭에서 드러난 것과 같이 계율과 한문 문헌 그리고 초기불교와 화엄학이다. 즉 각 학문에 대한 심화 학습을 2년간 진행한다고 이해하면 된다.

또 3급을 취득하려면 석사 과정이나 승가대학원 이수 이외에 선원에서 안거를 네 번 보내야 한다. 이를 보통 4안거라고 한다. 안거란 여름과 겨울, 각각 석 달간 집중적으로 수행하는 것을 말한다. 하안거는 음력 4월 보름부터 7월 보름까지, 동안거는 음력 10월 보름부터 1월 보름까지다. 여름과 겨울에는 날씨 때문에 만행을 하기 어려우므로 한곳에 정주하며 집중 수행을 하는 것이다.

안거 제도는 원래 우기가 있는 인도에서 시작됐다. 인도의 계절은 겨울과 우기 그리고 여름, 세 시기로 나뉜다. 우리나라도 점차 기후가 아열대를 닮아 가면서 장마가 아닌 우기 같은 양상이 나타나는데, 인도는 석 달간의 우기 동안 비가 엄청 많이 온다. 이때 한 사찰에 정주하면서 집중 수행을 하게 된 것이다. 이러한 수행 문화가 동아시아로 전래되면서 안거 기간이 우기가 아니라 여름과 겨울로 변한 것이다. 즉 안거가 하안거와 동안거로 나뉜 것이다. 현재 안거는 선원 안에서만 이루어진다. 안거 시에는 절 밖으로 나가지 않고 집중 수행을 한다. 안거에 들지 않은 스님들은 안거 기간 동안 평소보다 신중하게 생활한다. 즉 모든 스님이 안거에 들어가는 것은 아니다.

조계종은 선종이기 때문에 선원의 안거가 필수적이다. 그러므로 3급을 받기 위해서는 4안거, 즉 선원에서 2년간 보낸 이력을 요구하는 것이다. 스님에 따라 선원의 4안거가 어려운 경우도 있다. 박사 과정에 진학해 학교 과정을 이수해야 하는 경우다. 이러한 경우 박사를 수료하면 선원 4안거와 동등한 자격을 인정해 준다. 그러나 박사 과정이 아니라 다른 전문 교육 과정을 두 곳 이수하는 것은 동등한 자격으로 인정되지 않는다.

다시 한 번 정리하자면, 3급 자격을 취득하려면 전문 교육 과정 2년에 선원에서의 2년(또는 박사 과정 2년)을 더해 총 4년간 교육을 받아야 한다. 즉 4급에서 3급에 이르는 10년 동안 적절히 4년간의 추가 교육을 이수하면 되는 것이다.

율원(율학승가대학원)

전문 교육 과정인 승가대학원은 여러 곳이지만 대부분 최근에 신설된 기관이다. 전통적인 곳은 율원이라는 율학승가대학원뿐이다. 즉 과거부터 율원은 강원의 상위 교육 기관으로서 존재해 왔다. 최근에도 본사 중에서 강원·율원·선원, 이 세 교육 기관을 모두 갖춘 곳을 총림叢林으로 부르며 사격을 높게 여긴다.

계율은 승려로서 살아가는 기본 규정이라는 점에서, 교육 순서에 입각해 보자면 계율을 먼저 배운 다음 강원에서 교리를 배우는 것이 맞다. 마치 축구에서 경기 규칙을 숙지하고 기술을 연마하는 것처럼 말이다. 그러나 후대로 오면서 동아시아에서 계율은 실천 원칙이 아니라 탐구의 대상일 뿐이었다. 실천 원칙은 계율이 아니라 청규였다. 그렇기 때문에 율에 대한 이해는 교리에 대한 이해를 배경으로 할 수밖에 없게 된다. 이것이 바로 율원이 강원의 상위 교육 기관으로 자리 잡게 된 이유다.

율학승가대학원 교육은 동아시아 전통의 『사분율』을 바탕으로 한다. 그러나 이것만으로는 계율을 분명히 이해하기 어려우므로 현대에는 남북전 6부 율장을 비교하는 공부를 진행한다. 남북전 6부 율장이란, 남방과 북방으로 전파된 불교의 여섯 가지 율장을 말한다. 이는 각각 북방으로 전해진 『사분율』·『오분율』·『십송율』·『마하승기율』·『유부율』과 남방으로 전해진 『빨리율』이다. 인도불교의 율장이 하나가 아니고 여럿인 이유는 인도가 워낙 넓어 인도 안에서도 다양한 문화가 존재했기 때문이다. 서로 다른 지역

범어사 율학승가대학원과 승가대학 졸업식.
4년의 승가대학 과정을 마치고 더 공부를
하고 싶은 사람들은 전문 교육 과정에 진학
한다. 대표적인 교육 기관이 율학승가대학
원이다.

과 문화에 따라 규칙이 다르게 발전해 온 것이다. 이 중에서 동아시아의 전통불교는 주로 『사분율』에만 의지했으며, 이는 도선의 남산율종의 영향에 의한 것이다.

지금은 볼 수 없지만 과거에는 강원과 율원 이외에 불교 전통과 관련된 수행 기관이 한 곳 더 있었다. 바로 '만일'이라는 염불을 전문으로 한 기관이다. 만일이란 염불을 쉬지 않고 1만일, 즉 27년 145일 동안 한다고 해서 붙여진 이름이다. 이 이름만으로도 왜 만일이 현대 한국불교에서 사라졌는지를 단적으로 파악할 수 있다. 과거에는 문맹률이 높았기 때문에 염불 수행 같은 것이 보편적이었다. 그러다 보니 본사급의 큰 절에서는 육시정근이라고 해서 하루를 여섯 등분으로 나눠 여섯 팀이 돌아가면서 만일 동안 염불하는 결사를 하곤 하였다. 이를 만일결사라고 하는데 30년 동안 염불만 하는 것이다. 물론 기간이 너무 길기 때문에 결사를 마치지 못하고 스님이 사망하는 경우도 적지 않았다. 이런 경우 다른 스님이 뒤를 이어 만일결사가 이루어지도록 했다. 만일은 예전에 사찰에 스님들이 많이 살던 시절의 일이다. 오늘날처럼 스님 수가 적고 또 모두가 바쁜 시절에 만일결사란 실현되기 힘든 일로, 이제는 과거의 한 페이지로만 남아 있을 뿐이다.

연수 교육 과정
3급을 취득하기 위해서는 매년 한 차례 연수 교육도 이수해야 한다. 성직자는 신도들을 이끌어 주고 지도할 의무가 있다. 그러므로 계속되는 교육은 어찌 보면 필수적이다. 사실 교육을 회피하는 성직자란, 논밭을 기피하는 농부와 같다. 그러므로 매년 2박 3일 정도로 진행되는 한 차례의 연수는 종단에서 최소한의 기준을 정한 것에 불과하다. 실제로 현대의 빠른 사회 변화에 적응하고 신도들을 이끌기 위해서는 이 외에도 끊임없이 부단한 노력이 필요하다. 특히 현대와 같은 초고령화 사회에서는 일반인 역시 정년퇴직 이후에도 교육을 통해 삶을 재창조해야 한다. 그러므로 현대를 살아가는 스님들 역시 교육은 필수적일 수밖에 없다.

연수 교육 프로그램은 불교와 관련된 교육은 물론이거니와 동양 고전과 리더십 및 문화답사까지 실로 다양하다. 또 많은 프로그램이 필요에 의해 가감되는데, 이를 통해 스님들은 현대 사회에서 자칫 부족해질 수 있는 소양을 보충할 수 있다. 특히 현대 사회에는 다양한 문화 강좌나 인문학 강좌가 있지만, 스님은 승복을 입은 특수 신분으로 인해 이러한 강좌에 적극적으로 참여하기가 어렵다. 그러므로 이 같은 연수 교육을 통해 종단은 최소한의 종교와 문화 교육의 통로를 확보하는 것이다.

이 외에도 지난 2015년부터 특별 연수인 법계 과정이 신설되었다. 법계 과정은 각 법계별로 법계의 해당 기간에 한 차례만 이수하면 된다. 주된 교육 내용은 종교인으로서의 리더십과 종교 지도자로서의 소양과 역할에 대한 것이다.

선원

선종과 한국 조계종

선종이란 동아시아불교를 대표하는 수행 종파다. 선종은 인도 승려 보리 달마가 중국으로 가서 전한 일종의 명상법에서 시작된다. 이것이 중국 양자강(장강) 이남의 도가적이고 심미적인 강남 문화와 결합돼 완성된 육조 혜능에 의한 남종선이다. 남종선이란 강남의 선종이라는 뜻이다.

혜능은 인간에게는 누구나 완전한 붓다의 본질이 내재돼 있고, 이것을 자각하는 것이 수행이라고 주장했다. 마치 인간이 앞을 보지 못하는 것은 장님이기 때문이 아니라 스스로 눈을 감고 있기 때문이니, 그 사람이 이것을 자각해서 눈을 뜨면 문제는 본래부터 없었다는 것이다. 이러한 과정에서 눈을 뜨는 것을 돈오頓悟라고 한다. 돈오란 한 번에 깨닫는다는 의미로 인식론

범어사 선원에서 정진하는 스님들

적 관점이다. 철학에서는 천동설에서 지동설로의 전환을 '코페르니쿠스의 전회'라고 하는데, 실제로 코페르니쿠스가 바꾼 것은 관점의 전환이지 현실의 변화가 아니다. 이 같은 식의 환기를 통해 본래 자신의 완전성을 깨달아 자각하는 것이 바로 돈오인 것이다.

이런 남종선의 주장이 우리나라로 전래돼 여러 학파로 번성한 것이 9산선문이나 14산선문 같은 것들이다. 우리나라의 다양한 선종 학파들 모두 육조 혜능에게서 기인했다는 점에서 고려의 선종은 '혜능의 조계종'이라는 인식이 수립된다. 이 조계종을 계승한 것이 현대의 대한불교조계종이기 때문에 조계종에서는 참선과 선원의 비중이 절대적이다.

선원과 간화선 전통

선원은 선종을 표방하는 조계종에서 가장 핵심적이며 중요한 곳이다. 선원과 비슷한 명칭으로 선방이라는 것도 있다. 선원은 사찰 안에 참선 수행과 관련된 독립된 영역을 두고 그곳에 건물을 세운 경우를 말한다. 그러나 선방은 사찰 안쪽에 별도의 수행 공간이 존재하는 것을 의미한다. 즉 규모와 전문성에 따라 선원과 선방을 구분하는 것으로 이해하면 되겠다.

선원과 선방에서 하는 참선 수행은 간화선이다. 간화선이란 화두를 관조한다는 뜻인데, 이를 이해하기 위해서는 화두에 대해 먼저 알아야만 한다. 화두란 생각을 집중함으로써 의식을 전일하기 위해 고안된 일종의 허수아비 물음이다. 마치 달을 가리키는 손가락이나 낙서금지라고 적은 낙서 같은 것이 바로 화두다. 예컨대 생각하고 판단하는 주체인 나는 누구인가와 관련된 '이 뭣고?'와 같은 것이다. 유럽에서 신으로 대변되는 중세를 끝내고 근세를 열어젖힌 인물로 평가받는 데카르트는 『방법서설』에서 "고기토 에르고 숨Cogito ergo sum", 즉 '나는 생각한다. 고로 존재한다.'는 말로 인간의 인식 주체에 대한 문제를 명확히 했다. 그러나 화두는 인식 주체마저도 넘어서는 본유의 첫 자리를 가리키기 위한, 직접 지각을 위한 수단이다. 이런 점에서 화두는 모든 말의 으뜸이 된다. 그래서 언어를 초월한 언어의 길이라는 뜻에서 '말의 우두머리'를 의미하는 화두라는 명칭을 사용하는 것이다.

선원에서는 화두를 관조하는 간화선을 통해 인식을 넘어서는 인간의 첫 자리를 모색한다. 또 이것이야말로 붓다가 증득한 깨달음과 통하는 가장 빠른 지름길이라고 이해한다.

선원의 하루와 해제비

선원의 일과는 행자의 하루나 강원·율원의 일과와 기본적으로 크게 다르지 않다. 사찰에서는 새벽 3시에 기상해서 밤 9시에 취침하며, 그 사이에 새벽 예불과 아침·점심·저녁 삼시 공양과 저녁 예불을 빼면 남는 시간이 대체로 비슷하기 때문이다. 그러므로 선원에서 참선하는 시간은 오전에는 ①아침 예불 이후부터 아침 공양 전까지 그리고 ②아침 공양 이후부터 사시 기도 전까지다. 오후에는 ③점심 공양 이후부터 저녁 공양 전까지, 또 ④저녁 예불 뒤부터 취침 때까지다. 이렇게 하면 총 네 번에 걸쳐 약

두세 시간씩 9~10시간 정도 수행하는데, 선원에 따라서는 중간의 자투리 시간을 조정해 아홉 시간에서 열네 시간까지 하는 경우도 있다.

승가대학이나 승가대학원 같은 경우도 선원과 기본적인 일과는 비슷하다. 다만 교육자가 교육을 하는 특징상 ①의 새벽과 ④의 밤에는 자습을 하고, 낮인 ②와 ③시간에는 공부에 집중한다. 이렇게 보면 학습량은 학교에 비해 많지 않음을 알 수 있다. 이는 사찰이 수행 공간과 학습 공간을 겸한 곳이기 때문에 발생하는 필연적 문제다. 즉 예불과 기도 같은 종교 수행과 관련된 부분이 필수적이기 때문에 학습 기능만 독립시킨 학교보다는 실용성이 뒤처지는 것이다. 그러나 바로 이 부분이야말로 사찰 교육의 최대 강점이다. 사찰은 학문에만 너무 치우치지 않는 진정한 인성 교육을 지향하기 때문이다.

선원은 승가대학이나 승가대학원과 다른 점이 한 가지 더 있다. 승가대학과 승가대학원의 학기제는 일반 대학과 유사하다. 넉 달간 교육 후 두 달 방학이라는 체제가 졸업 때까지 연속적으로 이루어진다. 반면 선원은 3개월 안거 단기제다. 즉 석 달간 참선을 마치면 다음에 다시 온다는 기약 없이 떠난다는 말이다. 단기제이기 때문에 선원에서는 안거를 마친 승려들에게 해제비를 지급한다.

해제비는 석 달간 안거를 마친 스님들에게 지급하는 여비를 가리킨다. 다음 안거 때까지 석 달간 만행할 수 있는 소정의 비용을 지급하는 것으로 이해하면 되겠다. 이 비용은 승려들이 석 달간 안거하는 동안 신도들이 보시한 비용을 모으고 절약해서 마련한다. 해제비의 유래는 붓다 당시까지로 소급된다. 붓다 당시 스님들이 안거를 하면 신도들이 의복으로 사용할 천을 많이 보시했다. 승려들은 안거를 마치면 이것을 똑같이 나눠 가졌다. 이것을 가치나의迦絺那衣라고 하는데 공덕으로 지어진 옷이라는 뜻이다. 천을 나눌 때는 승단에 속한 승려 전체가 균분하게 나누지 않았다. 해당 사찰에 들어온 천은 그곳에서 안거를 지낸 스님들만 나눠 가졌다. 그러다 보니 자연히 편차가 발생하게 된다. 이는 오늘날의 해제비도 마찬가지다. 그래서 때로 눈썰미 있는 스님들은 해제비를 많이 줄 것 같은 선원으로 안거를 떠나곤 한다. 또 해제비는 같은 사찰에 소속돼 있어도 선원에서 안거를 마친 스님들에게만 지급한다. 해제비는 선원이라는 특정한 곳에 보시된 일정의 지정 보시금이기 때문이다. 그래서 다른 스님들은 간여할 수 없다.

법사와
건당

화상과 아사리

붓다 당시에도 화상과 아사리가 있었다. 화상은 승려들에게 부모와 같은 존재다. 승려의 출가를 돕고 출가 직후 승단에 적응할 수 있도록 돕기 때문이다. 아사리는 오늘날로 치면 대학원의 지도 교수 같은 분이다. 승려들을 전문적으로 가르치고 깨달음에 이르는 수행을 지도해 주기 때문이다. 화상과 아사리 중 누가 더 중요하냐고 묻는 것은 의미가 없다. 왜냐하면 출가 초기에는 화상이 중요하지만, 세월이 흐를수록 아사리의 비중이 높아지기 때문이다. 화상이 아사리 역할까지 하는 경우는 거의 없기 때문이다.

붓다 당시에는 화상과 아사리의 관계가 명확하게 구분되지 않았으며 혼재하는 양상도 존재했다. 붓다의 10대 제자 중 한 분으로 붓다를 25년간 모신 아난은 붓다의 제자가 아니었다. 아난은 석가족 출신으로 붓다의 최초 제자인 다섯 명의 비구(오비구) 중 한 명인 십력가섭의 제자다. 그럼에도 붓다의 가르침을 받아서 결국 10대 제자의 위치까지 오르게 된다. 즉 아난에게 화상은 십력가섭이고, 아사리는 붓다였던 것이다. 즉 붓다 당시에도 화상과 아사리의 이중 구조가 존재했다는 얘기다.

은사와 법사

동아시아불교에서 화상과 아사리 제도는 은사와 법사 제도로 정착된다. 불교 역사에서 위상이 높았던 것은 법사였다. 왜냐하면 불교는 가르침의 전승이라는 사법을 높이 보기 때문이다. 실제로 선종에서 깨달음을 상속하는 기록인 전등설傳燈設이나 천태종의 금구상승설金口相承設 또는 밀교의 혈맥보血脈譜는 모두 진리의 상속인 사법을 기록할 뿐이다. 즉 은사 중심이 아닌 법사 중심인 것이다. 비근한 예로 평상심시도平常心是道라는 말로 유명한 홍주종의 마조 도일의 은사는 사천 지방에서 교화를 펴던 신라 승려 무상이었다. 하지만 마조 도일은 법사인 남악 회양의 제자로 알려져 있다. 또 사명당 역시 서산 대사가 법사이지 은사가 아니다.

은사도 중요하지만 은사가 법사의 역할까지 겸하면 승려들이 다른 이들과 자유롭게 교류하지 못하고 정체돼 지역감정 같은 깊은 골이 생기고 만다. 소위 문중이라는 비정상적 혈연 관계와 같은 구조를 만들게 되는 것이다. 그러므로 승단은 법사가 중심이 될 때 능력에 의한 재편이 이루어지면서

155

출가에서 입적까지

보다 발전적인 경쟁이 이루어질 수 있다.

현행 조계종에서는 법사를 세우는 제도를 마련했다. 법사를 모시기 위해서는 3급의 자격을 갖춰야 하고, 전법게傳講偈를 받는 건당 의식을 해야 한다. 이때 법호 또는 당호라는 새로운 이름과 함께 법사에게 가사와 발우를 받는다. 이것을 의발의 상속이라고 한다. 법사 입장에서 이것은 자신이 소유한 전 재산을 물려준다는 의미로, 스승의 가르침이 제자에게 상속돼 전해진다는 상징적인 표식이다.

건당建幢이라는 말은 깃발을 세운다는 뜻이다. 이는 예전에 선종에서 깨달음을 얻으면 깃발을 세워 내외에 표시하고, 다른 이들의 시험과 도전을 받은 것에서

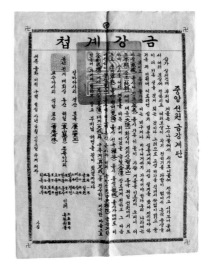

불기 2984년(1957년으로 현재 쓰는 불기와는 차이가 있다.) 3월 25일 구족계를 수지한 후 받은 금강계첩이다.
전계대화상은 동산 스님, 갈마아사리는 경산 스님, 교수아사리는 석암 스님으로 되어 있으며 하단에 칠증과 인례사가 적혀 있다.

유래한다. 즉 건당이란 법사의 가르침을 받아서 깨달음을 상속하고, 독립해서 또 하나의 일가를 이룬 것을 의미하는 것이다.

선종 승려들은 스승의 지도를 받아서 깨달음을 얻거나 스스로 깨달음을 얻은 이후에도 깨달은 것이 분명한지에 대해 검증을 받는다. 이것을 분명하게 인증해서 허락한다는 뜻(印證認可)으로 인가印可라고 한다. 또 스스로

깨닫고 난 뒤 법사를 찾아와서 인가받는 것은 오후인가悟後印可라 한다. 원래 건당이라는 의미는 깨달아 일가를 이룰 수 있다는 것을 뜻한다. 그러나 오늘날 건당은 가르침을 줄 수 있는 스승을 섬긴다는 의미가 강하고, 깨달음을 인가해 준다는 부분은 상대적으로 약하다.

강맥과 율맥

선종에서 가르침을 상속하는 것을 건당이라고 하는 것처럼, 강원과 율원에도 가르침을 전달했음을 표시하는 방식이 있다. 이를 각각 전강傳講과 전계傳戒라고 한다. 가르침과 율을 전수했다는 의미다. 전강식과 전계식은 주변의 축하 속에서 거행된다. 전강과 전계를 받으면 각각 강사와 율사의 족보 격인 강맥과 율맥에 승려의 이름이 올라간다. 또 강원과 율원에서 스님들을 가르칠 수 있는 자격을 얻게 된다. 요즘으로 말하면 지도 교수에게 박사를 취득하고, 이후 강사로서 활동할 수 있는 자격을 취득하는 것이라고 하겠다.

강원과 율원에서 교육을 받았다고 해서, 교육받은 승려 모두가 전강과 전계를 받을 수 있는 것은 아니다. 마치 박사 학위를 받는 절차와 비슷하다. 즉 강의를 모두 들은 후 종합 시험과 외국어 시험을 통과하고 학진 등재지에 논문을 수록한 후 박사 논문을 제출해서 심사를 통과해야 박사 학위를 받을 수 있는 것과 마찬가지다. 즉 스승에게 수학한 제자들 중 특별히 뛰어나 후학을 지도할 수 있다고 판단되는 사람들에게만 전강과 전계가 이루어지는 것이다. 즉 한국불교의 전통에서 가르침의 전승은 세 가지 방식으로 이루어진다. 선의 가르침을 상속받는 건당과 교학을 전해 받는 전강 그리고 계율을 전수받는 전계가 그것이다. 이 같은 전수는 모든 스님들에게 해당하는 것이 아니라 열심히 노력하는 소수의 승려들에게만 주어지는 제한적인 권리다.

주지와
이판사판

주지와 방장

    스님의 소임 중에서 가장 널리 알려진 것이 주지住持일 것이다. 사람들 대부분 주지가 사찰에서 가장 높고 대표적인 위치라고 알고 있다. 주지란 불교가 우리 사회에 오래 머물도록 보호하는 사람을 의미한다. 즉 사찰을 보호함으로써 그곳에 거주하는 스님들이 편안히 생활할 수 있게 하고 또 대외적인 포교를 통해 불교가 발전할 수 있도록 한다.

    예전에는 주지를 사주寺主라고도 했는데, 이는 산스크리트 비하라-스바민Vihāra-svāmin에서 온 말로 사찰을 조성하고 관리하는 사람이라는 의미이다. 즉 주지란 사찰을 총괄하면서 효율적으로 운영하는 책임자라는 뜻이다.

    그런데 선종에서는 주지가 단순히 사찰을 총괄하는 것 이외에도 참선하는 스님들을 지도하는 역할도 겸한다. 오늘날 본사급 사찰에는 선원이 별도의 영역으로 존재하지만 초기 선종 사찰들은 선원 겸 사찰이었다. 이렇다 보니 사찰 책임자가 참선 지도까지 할 수밖에 없는 상황이 연출됐다. 이 같은 선종 사찰의 책임자를 방장이라고 한다.

방장이라는 명칭은 백장이 처음으로 사용했다. 『유마경』에서 유마 거사가 사방이 1장(약 3미터)밖에 되지 않는 고시원처럼 좁은 방에 거처하면서 여러 신묘한 이적을 행한 것에서 유래한다. 『유마경』은 선종이 확립되던 시기에 많은 영향을 미친 경전으로 특히 「입불이법문품入不二法門品」에 등장하는 유마의 침묵(維摩默然無言)은 선종의 대표적인 화두(『벽암록碧嚴錄』 제84칙)로 남아 있다. 이러한 영향으로 유마 거사의 방을 뜻하는 '방장'이라는 말은 선종 주지의 거처인 동시에 주지를 뜻하는 표현이 된 것이다. 오늘날 조계종에서는 방장을 본사 주지보다 높은 총림의 수장을 뜻하는 말로 사용한다. 그러나 중국에서는 오늘날까지도 방장을 우리의 주지와 같은 의미로 사용한다.

공찰과 사찰

어떤 사찰은 주지가 바뀌기도 하고 어떤 사찰은 계속해서 한 사람이 주지 역할을 수행하기도 한다. 그 이유는 무엇일까? 이는 사찰의 성격과 관련이 있다. 사찰은 크게 공찰公刹과 사찰私刹로 나눌 수 있다.

가톨릭과 개신교의 차이는 크게 성직자의 결혼과 단체복의 유무 및 종교 시설의 직영 체제와 가맹점 체제라고 할 수가 있다. 즉 가톨릭은 신부들이 독신이고 신부복을 입으며 모든 성당이 로마 바티칸에 종속돼 있다. 반면, 개신교는 목사의 결혼과 복장의 자유가 있고 교회 역시 목사 개인이 운영할 수 있다.

불교는 종단에 따라 가톨릭과 개신교에서 보인 두 가지 양상이 모두 나타난다. 조계종 스님은 독신으로 동일한 승복을 착용하지만, 다른 종단은 결혼을 하고 승복이 없는 경우도 있다. 또 사찰도 유서 깊은 전통 사찰은 성당이 가톨릭 재산으로 종속되는 것처럼 불교 재산으로 묶여 있지만, 개인이 최근 새롭게 창건한 사찰은 교회처럼 개인에게 운영 권한이 있다. 이 중에서 전자를 공공의 사찰이라고 해서 공찰公刹이라고 하고, 후자를 개인 사찰이라고 해서 사찰私刹이라고 한다.

공찰은 주지의 임기가 4년이며, 말사를 관할하는 본사 주지에게 임명권이 있다. 그러므로 4년간 실적을 잘 쌓아야 재임이 될 수 있는 것이다. 재임에서 탈락하면 주지가 바뀐다. 그러나 사찰은 재산권의 문제 때문에 주지가 바뀌지 않는다. 또 개인이 창건한 사찰을 공찰로 전환하더라도 창건 공로를 인정해 창건한 주지가 살아 있는 동안에는 주지의 지위를 유지하도록 배려한다. 즉 이 경우에도 주지가 바뀌지 않는 것이다.

조계종에서는 과거에는 사찰私刹을 용인했으나 현재는 사찰을 허용하지 않는다. 사찰은 결국 개인 재산이므로 불교적 입장에서 용납할 수 없기 때문이다. 그러나 과거에 인정했던 사찰이 아직 남아 있으므로 현재도 사찰이 일부 잔존하는 실정이다. 그러나 점차 줄고 있으며 공찰로 전환되는 추세다.

이판사판과 학인

불교는 수행을 중심으로 하는 종교다. 특히 조계종은 선종이기 때문에 더욱더 수행을 강조한다. 그러므로 주지도 중요하지만 참선하는 선승들도 존중된다. 이는 조계종이 효용과 교환 가치를 중요시하는 자본주의의 물결 속에서도 종교적 전통을 유지할 수 있는 원동력이다.

그러나 현대와 같은 사회 구조에서 모두가 참선만 하는 수행승으로 살 수는 없다. 즉 누군가는 선승들을 뒷바라지하고 포교를 해서 불교의 외연을 넓히는 일을 해야만 하는 것이다. 그러므로 불교는 필연적으로 수행승과 교화승, 두 그룹으로 나누어질 수밖에 없다. 이를 전통적으로 이판승과 사판승이라고 구분하며, 이 둘을 합해 이판사판理判事判이라고 한다.

이판이란 이치를 판별한다는 의미이니 수행을 한다는 뜻이며, 사판이란 일과 사무를 판단한다는 의미이므로 교화승을 뜻한다. 이 중 불교의 본래 정신과 보다 일치하는 것은 이판승이다. 그러므로 이판승들 사이에는 고참과 신참의 구분이 존재한다. 고참은 화두를 오래 참구한 선승이며, 신참은 화두를 참구한 지 얼마 안 된 승려다. 이러한 선종의 용어가 군대로 들어가 군에서도 고참과 신참이라는 말을 사용하게 된 것이다.

사판의 소임 중 핵심은 당연히 주지다. 그러나 불교에는 또 이판과 사판이 서로 역할을 바꿀 수 있다. 사판인 주지도 선원에서 고참이나 신참이 될 수 있고, 선승도 주지로 임명되면 교화승의 길을 갈 수 있다. 서로 한 가지만 계속하기보다 번갈아 하면 서로의 고충을 알게 되면서 보다 깊은 화합을 이룩하게 된다. 이런 점에서 보면 불교야말로 그 어떤 종교보다 수행과 포교가 동시에 가능한, 열린 구조를 갖춘 종교라고 하겠다. 이는 불교만의 큰 장점이다.

불교에는 이판과 사판 외에 제3의 승려 그룹이 있다. 바로 학인이다. 현대 조계종은 출가 후 교육을 받는 기간이 길다. 이로 말미암아 학인 그룹이 생겨났다. 이러한 세 집단이 서로 유기적으로 호응해 간다면 불교는 도저히 무너질 수 없는 구조를 발판으로 계속 발전하게 될 것이다.

대중공사와
의결 제도

만장일치를 주장한 붓다

인류가 발전시켜 온 의결 제도 중 만장일치가 가장 이상적이라는 데는 이의가 있을 수 없다. 그러나 만장일치는 소속원이 적은 집단에서는 가능하지만 집단의 규모가 커지면 불가능하다. 그래서 차선책으로 선택하는 것이 다수결 제도다. 다수결을 따를 때는 늘 소수에 대한 배려를 강조하지만, 현실적으로 다수결로 승리한 쪽이 소수를 적극적으로 배려하는 일은 쉬운 게 아니다.

붓다는 세계의 성현으로 불리는 분들 중 당대에 가장 거대한 조직을 완성한 분이다. 붓다의 제자들은 당시 최소 1만 명이 넘었을 것으로 추정된다. 통신과 교통이 열악했던 2,500년 전에 이처럼 거대한 조직을 만들었다는 것은 그가 성인이라는 점은 차치하고 조직 관리 차원에서도 놀랄 만하다. 그런데 이런 붓다가 의결 제도로 주장한 것이 바로 화합승和合僧, 즉 만장일치였다는 점은 매우 흥미롭다. 당시 국가를 제외하면 누구보다 거대 조직을 거느린 붓다가 누가 생각해도 불가능할 것 같은 만장일치를 의결 제도의 기본으로 삼은 것은 보통 놀라운 일이 아니다.

붓다는 승가의 최소 구성 인원을 네 명 이상으로 했다. 즉 단체인 것이다. 단체에는 반드시 회의가 필요하다. 만일 승려 스무 명이 현전승가現前僧伽, 즉 같은 거주지에 머물러 있다고 하자. 이들이 마실 거리로 커피와 녹차 중 하나를 택해야 한다면, 당연히 만장일치는 이루어지지 않는다. 이런 때 행주인行籌人이라는 의장은 개별 접촉을 통해 합당한 쪽으로 승려들을 설득해야 한다. 그 결과 의견이 모아지면 의사 진행을 해서 만장일치를 얻어 낼 수 있다. 즉 리더에게는 지난한 설득의 리더십과 자신을 낮추는 자세가 요청되는 것이다. 이것이 붓다가 주장한 만장일치의 첫 번째 핵심이다. 즉 리더는 군림하면서 지시하는 자가 아니라, 설득하면서 조율해 가는 자여야 한다는 말이다.

승려 스무 명 중 열다섯 명은 커피를, 다섯 명은 녹차를 택한 상황에서 아무리 설득해도 더 이상은 의견이 좁혀지지 않는다고 해보자. 이럴 경우는 현전승가 자체를 커피팀과 녹차팀, 둘로 나눠 각각 다른 거주지에서 살도록 한다. 이렇게 하면 각각의 만장일치가 이루어지는 것이다. 이것이 바로 붓다가 제시하는 만장일치 해법이다. 즉 커피나 녹차, 둘 중 하나로 만장일치를 이루는 것이 아니라 커피와 녹차로 각각 분리된 만장일치를 이루는 것이다. 이런 식이 무슨 의미가 있냐고 할 수도 있다. 그러나 이렇게 되면 모두가 만족하며 스트레스를 받는 경우가 없다. 즉 다수자에 의한 소수자의 억압이 존재하지 않는 것이다. 이 부분이 붓다가 의도하는 만장일치의 두 번째 핵심이다. 인간은 어떤 경우라도 수단화되어서는 안 된다는 것이다. 이 점은 붓다가 당대에 거대한 조직을 만들 수 있었던 방법을 잘 보여 준다.

그러나 이 같은 분리는 최후의 수단이다. 집단을 분리하기 전에, 리더는 지난할 정도로 설득의 리더십을 발휘해야 한다. 그렇게 하지 못하면 리더의 자질이 부족한 것으로 본다. 집단이 분리되면 설득에 실패한 리더는 그지위를 유지할 수 없다. 즉 리더의 지위를 계속 유지하고 싶다면 대중을 설득해 합의를 이끌어 내야 한다. 그렇게 하지 못하면 집단 분리와 함께 리더역시 교체되는 것이다.

이 같은 의결 제도는 의결을 도출하기까지 다소 시간이 많이 소요될 수있다. 하지만 그럼에도 누군가의 희생이 존재하지 않는다는 점에서 가장 만족도가 높을 수밖에 없는 제도다. 이것은 붓다가 모든 인간을 목적으로 보았다는 점을 분명히 해 준다. 즉 출가는 행복을 향해 떠나는 떨침의 미학이다. 이런 점에서 제도와 관련된 어떠한 종류의 억압과 스트레스도 바람직하지 않다고 붓다는 말한 것이다.

인간에 대한 붓다의 깊은 존중과 관심은 문제자를 처리할 때에도 잘 나타난다. 율장은 제아무리 커다란 사건이라도 반드시 해당 당사자가 출석해

2015년부터 조계종에서 실시해온 사부대중 100인 대중공사 모습. 일찍이 붓다는 승단에서 의사 결정을 내릴 때 만장일치를 주장했다. 그렇기 때문에 승단에서 어떤 사안에 대해 의사결정을 할 때는 투표를 통해 다수결로 처리하기보다 문제의 핵심을 꿰뚫는 토론을 벌이는 경우가 많았다.

ⓒ대한불교조계종 사부대중 100인 대중공사

사실 관계를 소명하고 처리해야 한다는 점을 명확히 한다. 즉 궐석 재판 같은 것을 용인하지 않는 것이다. 이는 사건이 다소 늦게 종료되더라도 사건에 관계된 사람에게 조금이라도 억울한 일이 발생해서는 안 된다고 판단한 붓다의 의지를 확인할 수 있는 부분이다.

또 사건 당사자에게 사실 관계를 확인할 때 붓다는 당시 그 사람이 일시적으로 정신 착란 같은 이상에 의해 그런 것은 아닌지를 물었다. 즉 당시에도 정신 이상에 의한 문제에는 면책권을 부여했던 것이다.

또 당시 붓다는 법률 불소급의 원칙에 대해서도 기준을 세웠다. 예컨대 붓다는 발바닥이 갈라지는 제자가 있다는 사실을 알고 신발을 신어도 된다는 원칙을 제정한다. 그러자 어떤 승려가 비단 신발을 신고 다녀 신도들에게 사치하다는 비난을 받는다. 그러자 붓다는 비단 신발을 신어서는 안 된다는 계율을 제정한다. 그러나 그 문제의 제자의 행위는 이 계율이 만들어지기 이전에 한 것으로 참회의 대상이 되지 않는다. 그런데 그 제자는 다시 비단이 아닌 보통 천에 화려하게 수놓은 신발을 신었다. 그러자 다시 신도의 비난이 일게 되고, 붓다는 수놓은 신발도 금지한다. 그러나 이때도 이 제자는 법률 불소급의 원칙에 의해 소요에 대한 어떠한 책임도 추궁당하지 않는다.

정신 이상자에 대한 면책이나 법률 불소급 원칙과 같은 것이 일반화된 것은 현대에 들어와서이다. 그런데 붓다는 2,500년 전에 이미 이 같은 관점으로 문제의 당사자를 대한 것이다. 이는 붓다와 불교가 인간의 존엄성을 얼마나 고려했는지를 단적으로 보여 준다.

대중공사와 유교 문화

현대의 사찰 역시 여러 사람들이 함께 거주하는 공간이다 보니, 일반적인 판단으로는 대처하기 힘든 돌발 상황이 간혹 발생한다. 이때는 대중공사大衆公事라고 해서 전 구성원이 한자리에 모여 회의하는 일종의 특별 회의가 벌어진다. 대중공사는 사찰 대표자가 안건의 개요를 설명하고 대중에게 의견을 구하는 방식으로 진행한다. 이때 발언을 하려는 스님들은 '한 말씀 올리겠습니다.'라는 말을 시작으로 의견을 개진한다. 일찍이 붓다는 승단에서 어떤 결정을 내릴 때 화합승의 만장일치를 주장했다. 그렇기 때문에 승단에서 어떤 사안에 대해 의사결정을 할 때는 투표를 통해 다수결로 처리하기보다 지난한 토론을 벌이는 경우가 많다. 그러다 보면 문제의 당사자들이 시간의 중압감과 대중들의 피로도를 고려해 한발 물러서서 타협하는 것으로 회의가 마무리되곤 한다. 이렇게라도 화합의 정신을 지키려는 것은 아직까지 붓다의 정신이 살아 있다는 것으로 긍정적인 부분이다.

그러나 때에 따라서는 토론이 공평하게 진행되지 않는 경우도 있다. 이는 연장자나 선배를 너무 높이는 유교 문화와 관련이 있다. 즉 어른들이 회의를 고압적으로 주도함에 따라 출가한 지 얼마 안 된 승려들은 제대로 된 발언 기회를 갖지 못하는 것이다. 우리나라에서 회의가 어렵게 진행되는 이유는 대부분 유교 문화의 엄격성과 관련된다. 연장자가 회의를 주도하고 또 결론을 내리면 문제를 해결하지 못하고 불씨만 남기는 결과를 초래한다. 이런 점에서 보면 붓다가 제기한 설득과 낮춤의 리더십이 얼마나 합리적인지,

전국비구니회 회장 선거에 참여한 비구니 스님들.

또 시대에 부합하는 요청 과제인지 알 수 있다.

사찰의 대중공사와 관련해 재미있는 것은 대중공사에서 만장일치로 의결한 사항이 불교적 관점보다 우선권을 갖는다는 점이다. 절에는 '대중이 원하면 소도 잡아먹는다.'는 말이 있다. 이는 과장된 표현이지만, 제도 면에서는 관념적인 것보다 현실적인 것이 우선이라는 의미다. 붓다는 만장일치의 화합승을 가장 우선으로 여긴 분이니, 이런 점에서 본다면 이 같은 생각에도 붓다의 관점이 유지된다고 할 수 있겠다.

현대 조계종의 의결 제도

불교에서 만장일치나 징계 자리에 문제의 당사자를 반드시 배석시켜 사실 관계를 소명하게 한 것은 분명 인간을 귀히 여기는 올바른 관점이다. 그러나 현대의 종단은 과거처럼 작은 지역이 아니라 나라 전체에 산재한 승려들 전체를 총괄한다. 즉 예전에는 함께 거주하는 승려들만을 현전승가로 여겼다면, 교통과 통신이 발달한 현대에는 본사가 관할하는 교구를 넘어 종단 전체를 현전승가로 여기게 된 것이다. 이로 인해 현재 조계종은 만장일치가 아니라 다수결로 일을 처리한다. 또 특정 사안과 관련한 대상자를 두 번 소환해도 나타나지 않을 경우, 궐석 재판도 인정한다. 이는 징계 대상자가 '궐석 재판 불가' 조항을 이용해 재판에 참석하지 않는 경우를 보완하기 위한 것이다. 시대의 변화가 느껴지는 대목이다.

조계종의 중요한 선거인 본사 주지와 종회의원 선출은 해당 교구에 소속된 승려들의 직접 투표로 이루어진다. 단 사미(니)는 정식 승려가 아니므로 투표권이 없고, 또 비구(니)계를 받았더라도 5년이 안 된 비구(니)도 투표권을 제한한다. 이는 종단이나 교구의 상황을 정확하게 파악하지 못한 승려들이 선거에 참여함으로써 발생할 수 있는 문제를 완화하기 위한 조치다.

종교와 관련된 문제에서 과연 소속원들의 투표에 의한 판단이 옳은 것인지는 단정할 수 없다. 다수결 방식은 군중의 무지를 내포한 위험 요소가 있다는 점에서 문제가 있기 때문이다. 그러나 이것이 최선은 아니지만 최악은 배제한다는 점에서 인류는 이 제도를 선택할 수밖에 없었고, 이는 오늘날 불교교단에서도 어찌할 수 없는 상황이다.

입적과
다비

죽음을 완성으로 보는 문화

    인도와 유럽의 아리안 족은 죽음을 '완성'으로 보았다. 이는 육체를 초월한 정신만이 완전하다는 심신이원론에 기초한다. 플라톤이 '육체는 영혼의 감옥'이라고 한 것도 바로 이 같은 인식에 기초한 것이다. 불교 역시 깨달음의 완성은 살아서 이루어지는 것이 아니라, 죽을 때에 비로소 완전해진다는 생각이 있다. 붓다나 큰스님의 죽음을 깨달음을 나타내는 '열반'으로 표현하는 것도 이와 관련이 있다. 실제로 불교에서 말하는 불기는 붓다의 열반 시점을 기준으로 하며, 이때를 불기 1년으로 잡는다. 붓다의 열반 시점을 붓다가 비로소 완전히 완성된 때로 보기 때문이다. 불교에서는 붓다가 열반한 해를 가장 의미 있는 해로 여긴다. 그러므로 붓다의 탄생 연도를

〈붓다의 열반상〉(2세기, 간다라 출토, 월터스 아트 뮤지엄 소장)
불교에서 말하는 불기는 붓다의 열반 시점을 기준으로 하며, 이때를 불
기 1년으로 잡는다. 붓다의 열반 시점을 붓다가 비로소 완전히 완성된
때로 보기 때문이다.

알기 위해서는 불기에 79를 더해야 한다. 왜냐하면 붓다는 여든 해를 사셨
고, 여든 살이 되는 열반 시점이 불기 1년이기 때문이다.

기독교는 예수의 탄생을 기점으로 서기를 정한다. 예수를 이미 완성돼
태어난 신으로 보기 때문이다. 즉 예수는 처음부터 완전했으므로 탄생에 의
미를 부여하는 것이다. 그러나 불교에서 붓다는 인간으로 태어나 극기를 통

해 붓다가 된다. 붓다는 서른다섯에 부다가야의 보리수 아래에서 붓다가 되는 첫 깨달음을 얻는다. 이를 불완전한 열반, 즉 유여열반有餘涅槃이라고 한다. 이에 비해 돌아가실 때는 완전한 열반이라고 하며, 이를 무여열반無餘涅槃이나 반열반般涅槃이라고 한다.

열반을 다른 말로는 입적이라고도 한다. 입적이란 고요한 깨달음의 세계에 들어간다는 의미로, 깨달은 분의 죽음을 높여 부르는 말이다. 또 입적과 비슷한 말로 원적圓寂이나 시적示寂도 있다. 이는 죽음을 통해 완전한 깨달음을 보였다는 의미다.

불교는 죽음을 통해 완전하게 된다는 관점을 견지하므로 죽음을 단순히 슬프게만 여기지 않는다. 어떤 의미에서 죽음은 불완전을 탈각하고 완전으로 가는 최후의 행보라는 점에서 기뻐할 만한 일이다. 이는 유교적 상례 인식과는 차이가 큰 부분이다.

화장 문화와 연화대

큰스님이 입적하시면 범종을 108번 타종해 사찰의 전 대중에게 이 사실을 알린다. 아침·저녁의 예불 때 치는 종은 각각 서른세 번과 스물여덟 번이다. 그렇기 때문에 범종을 이렇게 많이 치면 사찰 대중은 어떤 일이 벌어졌는지 금방 알게 된다.

큰스님이 입적하시면 사찰은 바빠진다. 영결식 준비와 초대장 발송 등 큰스님을 마지막으로 보내드리기 위해 챙겨야 할 일이 많기 때문이다. 우리나라는 죽음을 터부시 여기는 유교 문화의 영향으로 입적하실 때를 대충 짐작해도 장례와 관련된 일을 미리 준비하지 않는다. 그렇기 때문에 입적과 동시에 여러 일을 준비한다.

또 이때부터 다비를 위한 연화대를 만든다. 다비는 인도의 장례법인 화장을 뜻한다. 농경 문화는 한곳에 머무는 정주 생활이기 때문에 장례 풍습이 '매장'으로 발전했다. 그러나 유목 문화는 초지를 따라 이동하는 삶이기에 사람이 죽으면 매장을 하고 그것을 관리할 수 없었다. 그래서 화장 문화가 발전했다. 인도의 아리안 족 역시 유목민이었기에 화장 풍속이 있었다. 지금도 갠지스 강변에 가면 화장 풍습을 눈으로 직접 확인할 수 있다.

불교는 인도 문화를 배경으로 발전된 종교이기에 화장을 온당한 장례법으로 인식한다. 우리는 화장은 간편하고 비용이 적게 드는 반면 매장은 번거롭고 비용도 많이 든다고 생각한다. 이러한 인식은 정부 차원에서 화장을 권장하며, 또 화장이 화장터라는 대규모 시설에서 이루어지는 것과 관련이 있다. 그러나 노천에서 화장하려면 많은 나무와 부대시설이 필요하다. 또 뒷정리까지 고려하면 사실 화장이 매장보다 훨씬 번거롭고 비용이 많이 든다. 즉 우리의 생각과는 다른 것이다.

오늘날 불교에서 화장은 본사마다 마련한 다비장에서 진행한다. 다비가 화장을 뜻하므로 다비장이란 화장터를 의미한다. 다비장에는 관이 들어갈 정도의 공간만 남겨 놓고 연화대를 만든다. 연화대란 아미타불의 극락세계로 가기 위한, 연꽃으로 된 시설물이다. 연화대를 만들 때는 먼저 땅바닥

다비식 모습.

화장을 모두 끝내고 사리를 수습하는 모습.
시간이 충분히 경과한 뒤 재가 식으면 상좌
들을 중심으로 유해와 사리를 수습한다.

을 낮게 파서 바람이 잘 들게 하고, 그 위에 화장용 나무를 높게 쌓는다. 이 때 중간에 관이 들어갈 공간은 남긴다. 이렇게 나무 골격을 갖춘 다음 전체적으로 짚을 보강해 나무가 돌출된 부분을 없애고, 마지막으로 이엉을 이용해 전체를 덮어서 거대한 반원의 무덤 같은 형태를 만든다. 이것을 전체적으로 고정하기 위해 새끼줄로 튼튼히 동여맨다. 짚으로 된 이엉을 덮는 것은 나무에 붙은 불이 밖으로 나오지 않고 안쪽에서 타게 하기 위해서다. 이렇게 하면 연화대의 대체大体가 완성된다. 이 위로 한지를 바르고 흰색 연꽃잎을 촘촘히 붙여 거대한 연꽃처럼 만들면 장식까지 모두 끝난다.

다비와 방광

　　장례 기간은 상황에 따라서 3일이나 7일로 정한다. 그리고 마지막 날에는 발인을 마치고 만장을 앞세워 상여를 옮긴다. 다비장까지 염불을 하며 이운한 다음, 관을 빼서 연화대에 넣는다. 그런 다음에는 상좌를 비롯해 큰스님과 관련이 있던 사람들이 들고 있던 횃불을 연화대 아래쪽으로 내려 불을 넣는다. 이것을 '거화'라고 한다. 이때 불을 지피기 전에 '큰 스님 불 들어갑니다. 어서 나오세요!'라고 외친다. 이는 가는 사람을 붙잡아 두려는 마지막 바람의 외침이다. 또 '속히 다시 오십시오!'라는 말도 한다. 이는 다시금 이 세계로 윤회해 가르침을 전해 달라는 의미다.

　　연화대에 불이 붙으면 연화대를 덮은 이엉 때문에 불이 밖으로 나오지 않고 안에서부터 타들어간다. 그래서 밖으로는 흰 연기만 피어오른다. 불은 짧게는 다섯 시간에서 여섯 시간, 길게는 반나절 동안 계속된다. 이때 상좌들은 다비장에서 불을 지키는데, 저녁 무렵에는 종종 방광이 발생한다. 다비장에 운집한 사람들의 숙연한 기운이 쉽게 흩어지지 않으며 충돌하는 가운데 빛으로 나타나는 것이다. 방광은 날씨와도 관계가 있다. 저기압일 때는 오로라처럼 커튼식으로 나타나며, 고기압일 때는 점멸하는 방식이나 하늘로 솟구치는 형태로 나타난다.

시간이 충분히 경과한 뒤 재가 식으면 상좌들을 중심으로 유해와 사리를 수습한다. 사리 수습을 위해 연화대 아래에 물을 채운 병을 묻어 사리가 들어갈 수 있게 한다는 말도 있는데 이는 타당하지 않다. 불 아래에 물을 놓는다는 생각은 불교적인 것이 아니라, 중국『주역』「11. 지천태괘」의 원리를 차용한 것으로 이치적으로 맞지 않다. 즉 이것은 중국에서 만들어진 벽사와 상서로움에 대한 관념이지 사리 수습과는 무관하다.

사리와
추모재

사리의 의미

사리라고 하면 일반적으로 고승의 다비 과정에서 나오는 구슬 같은 결정으로 안다. 그러나 사실 사리란 인도말 사리라śarīra를 음역한 것으로 본래 화장하고 남은 뼈를 뜻한다. 이것이 인도에서 구슬의 의미를 포함하게 된 것은 기원후로 판단된다. 우리나라에서는 고려 말에 이르면 구슬 같은 것은 사리, 뼈는 영골靈骨이라고 불렀다. 이는 나옹 스님이 자신의 스승인 지공 스님의 유골을 지금의 양주 회암사 북쪽에 안치하며 사리 수습 과정을 밝힌 것에서 확인할 수 있다. 즉 원래 사리란 화장한 뒤 남은 뼈를 지칭하는 것이었고, 그것이 점차 변해 구슬 같은 모양을 지칭하는 것으로 바뀌었다는 말이다.

사리 신앙의 기원은 뼈 숭배에서 찾을 수 있다. 고대 인류는 인간의 핵심을 신체를 구성하는 질료 중 가장 단단한 뼈로 이해했다. 신라 골품제에서 성골과 진골 운운하는 것도 바로 이 같은 뼈 숭배의 영향을 받은 것이다. 인체에서 가장 단단한 질료는 뼈가 아니라 치아다. 그래서 치아를 뼈보다 더 핵심으로 보는 경향도 있다. 이는 전 세계의 원시 신앙에 산재한 치아 숭배와 신앙 구조를 통해 확인할 수 있다. 불교도 마찬가지였다. 붓다의 다비 시 가장 먼저 수습한 사리가 바로 치사리였다. 스리랑카의 불치사와 우리나라 고려 왕실이 북송 황실에서 전해 받은 치사리를 십원전에서 모신 예를 보아도 치사리를 얼마나 존숭했는지 알 수 있다. 그러나 치아는 단단하기는 하지만 빠질 수 있다는 점에서 인간의 핵심이 아니라는 인식도 있었던 듯하다. 이러한 연유로 인도인은 '뼈 중에 가장 중요한 뼈는 어디인가'라는 고민을 하게 된다. 그 결과 머리뼈인 두골을 가장 중요한 뼈로 여기게 된다. 이 문화는 신라에도 영향을 끼친다. 자장 율사가 양산 통도사에 모신 것이 붓다의 정골 사리이며, 평창 오대산 중대 보궁에 모신 것은 뇌사리라고 전해진다.

이렇게 보면 사리는 고대의 뼈 숭배에서 발전한 것임을 알 수 있다. 그리고 이것은 다비를 통해 뼈를 수습하는 인도 문화 덕분에 보다 발전할 수 있었다. 신라는 시신을 가매장한 뒤에 뼈를 추려 골호를 모시는 문화 때문에 뼈 숭배가 존재했다.

그런데 붓다 당시에 이미 인도에서는 사리의 외연이 확대되고 있었다. 그래서 『장아함경』「유행경」에는 화장하지 않은 시신도 사리로 이해하는 모

상원사 문수동자좌상 안에서 나온 사리.
세조가 직접 납입하였을 것으로 추정되는 유물이다.
ⓒ월정사 성보박물관

습이 나타난다. 또 부처님의 가르침을 축약한 연기 게송이나 경전 역시 '법신사리'로 보는 등 사리의 개념이 확대·발전한다. 사리를 그 사람의 핵심으로 보는 것처럼, 붓다의 가르침을 정신의 핵심으로 여겼기 때문이다.

　　동아시아의 사리 개념이 뼈 사리에서 구슬 사리로 완전히 바뀌는 것은 조선 시대에 들어와서이다. 중국과 당나라를 대표하는 사리인 서안 법문사의 사리는 붓다의 손가락뼈인 지골사리이며, 신라 시대 자장 율사가 모신 사리 중 가장 핵심적인 통도사 사리 역시 머리뼈인 두골이기 때문이다. 또 고려 말 나옹 스님이 지공 스님의 부도를 모시는 과정에서도 핵심은 연골, 즉

감은사 삼층석탑 출토 금동 전각형 사리기
ⓒ국립중앙박물관

뼈였다. 고대로부터 구슬 사리만을 진짜 사리로 여겼다면, 이 사리들은 최고의 사리로 대접받지 못했을 것이다. 그러므로 '사리＝구슬 사리'라는 고정된 인식은 조선 시대에 확립된 것임을 알 수 있다.

구슬 형태의 사리는 크게 두 종류다. 하나는 좁쌀만큼 작고 투명한 것이고, 다른 하나는 팥이나 콩처럼 크고 불투명한 것이다. 전자는 정신 집중을 오래한 결과로 미간 쪽의 머리에서 주로 발생한다. 즉 참선 같은 정신 수련의 결과인 것이다. 후자는 호흡법과 관련이 있다. 호흡 조절은 정신을 집중하는 데 있어 필수 조건 중 하나다. 그러므로 일반적인 참선 수행을 하면, 두 가지 사리가 모두 나오는 것이 보통이다. 다만 특수한 정신 수행이나 호흡법을 한 경우 한 종류의 사리만 나오기도 한다.

또 동아시아에서 사리 개념이 변화한 것은 다비 방법의 차이와도 관련이 있는 것으로 보인다. 인도에서는 다비가 어느 정도 완료되었다 싶으면 향수를 부어 불을 끈다. 뼈를 효율적으로 추스르기 위해서다. 그러나 후대가 되면, 다비 시 완전히 연소될 때까지 기다리며, 인위적으로 불을 끄지 않는다. 이는 다비 후 습골 시 결과가 달라질 수 있음을 의미한다. 실제로『비화경悲華經』권7과 같은 대승불교의 문헌에는, 초기 경전에서는 확인되지 않는 구슬 사리를 강조하는 기록이 보인다. 즉 다비 방법의 변화가 사리 수습에 변화를 주고, 그 결과 구슬 사리가 부각될 수 있는 구조가 만들어졌다는 얘기다. 사리에 대한 인식의 변화는 이로 인해 파생된 것으로 판단된다.

사리 장엄과 부도

　　수습한 사리는 사리 장엄구라는, 여러 겹으로 된 장식물로 감싸서 모신다. 붓다가 열반하기 전, 시자인 아난은 붓다에게 '장례를 어떻게 해야 합니까?'라고 묻는다. 인도의 수행 문화는 죽음을 터부시하지 않으며, 또 붓다는 스스로 열반할 때를 정하고 최후의 마지막 길을 가고 있었기에 이 같은 질문이 가능했다. 이때 붓다는 스스로 유해를 금관에 넣고 그 금관을 다시 은관과 동관 그리고 철관에 차례로 넣을 것을 지시한다. 이는 우리 식으로 말하면 금·은·동·철로 된 여러 겹의 관곽을 사용하라는 의미로 이해할 수 있다. 또 다비 후 사리를 수습해 금병에 넣으라고 하셨다. 사리 장엄구는 이러한 붓다의 유훈에 따라 만들어진 것이다. 그래서 금이나 수정 병에 사리를 넣고 그 병을 다시 금·은의 내함과 동으로 된 외함으로 감싸곤 한다. 큰스님의 사리 또한 이에 준하는 방식으로 모신다.

　　이렇게 모신 사리는 추모를 위해 별도로 전시를 하기도 한다. 하지만 최종적으로는 부도탑과 비를 만드는 것으로 마무리한다. 부도란 원래는 붓다를 음사한 것인데, 후일 동아시아에서는 선종이 발전하면서 스승을 붓다에 준하는 예로 받들어 모셨다. 이로 인해 스승의 분묘를 부도라고 부르게 된 것이다. 오늘날에는 부도라는 표현은 적절치 않다는 이유로 '승려의 탑'이란 뜻에서 승탑으로 부르자는 의견도 있으나 관습적으로 부도가 일반화돼 불리는 실정이다.

　　부도비에는 생전의 행장과 문도의 이름 등을 기록한다. 비석을 세우는

사찰의 초입에는 그 절에서 수행했던 스님들의 사리나 유골을 안치한 부도가 모셔져 있다.
우리나라에서는 9세기에 이르러 선종禪宗이 들어온 이후 부도의 건립이 크게 유행하였다.

것은 중국 문화의 영향이다. 고대 중국에서는 비석을 무덤 밖에 따로 세우지 않고 무덤 안에 망자와 함께 매장했다. 이를 묘지석이라고 한다. 위진남북조 시대부터 무덤 밖에 비석을 함께 세우는 방식으로 변한다. 동아시아불교 역시 이와 축을 같이 해서 처음에는 '탑지석'이라고 하여 탑이나 부도 안에 모셨다가, 비석 형식으로 부도와 나란히 두게 된다. 이를 부도탑에 대한 비석이라는 의미로 탑비라고 한다.

　부도와 탑비를 만드는 데는 시간이 많이 소요된다. 그래서 보통 다비식이 끝나고 1년~3년 정도 지난 다음에 세운다. 결국 유교식 소상이나 대상

때 부도탑과 탑비 건립식을 진행한다. 이것을 마지막으로 스님의 일생은 완전히 끝이 난다. 이때 부지런한 제자와 문도들은 스님의 문집을 만들어 봉정식을 올리기도 한다.

추모재

죽은 뒤에도 많은 사람이 오래도록 기억하는 사람이야말로 살아서 그늘이 컸던 인물이다. 이런 점에서 큰스님은 사후에도 문도들에 의해 매년 추모재가 모셔지곤 한다. 추모재는 일반적으로 탄신일과 입적일, 두 차례 진행한다. 그러나 이는 유교의 제사와는 달리 스님의 정신을 기리는 기념일일 뿐이다.

유교의 제사는 돌아가신 분께 음식을 올리는 것이 핵심이다. 그래서 '제祭'라는 글자는 고기를 나타내는 '육달 월月'에 고기를 여러 곳에 많이 놓았다는 의미의 '또 우又', 그리고 돌아가신 혼령이 와서 본다는 '보일 시示'로 이루어진다(月＋又＋示). 그러나 불교의 '재齋'는 삼가서 재계한다는 뜻이다. 그러므로 유교의 제사와 불교의 재는 완전히 다른 것이다. 다만 발음이 같기 때문에 혼란이 발생하는 것뿐이다. 그러나 사실 불과 두 세대 전만 해도 두 글자는 발음도 달랐다. 유교의 제를 쫴라는 음으로 발음했기 때문이다. 그래서 예전에는 제사의 주관자를 제주라고 하지 않고 된발음으로 쫴주라고 했다. 그러나 현재는 두 발음을 구분할 수 없고, 또 한자 표기를 잘 하지 않기 때문에 같은 글자로 이해하는 문제가 발생한다. 그렇지만 양자는 유사한 것

스님이 입적하면 원칙적으로 제사를 지낼 필요가
없다. 깨달았다면 깨달았으므로 제사가 필요가 없
고, 깨닫지 못했더라도 윤회했으므로 제사가 헛
제사가 되기 때문이다. 그래서 불교에서는 스님과
관련해 제사를 지내지 않고 추모재만 올린다.

도 아니라 완전히 다른 것이다.

　스님은 원칙적으로 제사를 지낼 필요가 없다. 왜냐하면 깨달았다면 깨달았으므로 제사가 필요가 없고, 깨닫지 못했더라도 윤회했으므로 제사가 헛 제사가 되기 때문이다. 그래서 불교에서는 스님과 관련해 제사를 지내지 않고 추모재만 올릴 뿐이다. 이는 문도들을 중심으로 그 스님을 기리는 의미이다. 그렇기 때문에 추모재가 끝나면, 일반적으로 점심 공양 후에 문도회를 연다. 즉 스님을 기리고 같은 문손들끼리 친목을 도모하며 발전적 의견을 나누는 것이다. 또 문도회가 구성된 경우 문도들의 출자로 재원을 확보해 은혜를 기리기 위한 장학사업 등을 하기도 한다. 이는 스승께 받은 은혜를 다른 이웃과 함께하며 갚는다는 원시반본原始返本의 의미인 것이다.

산사의

하루

산사의 하루는 새벽
3시 도량석 도는
스님의 목탁 소리로
시작된다.

새벽정진, 아침예불,
공양, 오전 정진,
사시마지, 점심공양,
오후 정진, 저녁 공양,
저녁 예불 그리고 취침
소등까지…

수행자이자 공동체의
일원으로 지내는
스님들에게 하루는
결코 길지 않다.

도량석

하루의 시작은 새벽 3시

사찰의 하루는 새벽 3시에 시작된다. 붓다는 밤 9시에 잠자리에 들어 3때, 즉 세 시간을 주무셨다고 한다. 예전에 12지를 시간으로 사용할 때를 기준으로 하면, 과거의 한 시간은 지금 시간으로 두 시간이 된다. 이렇게 계산해 보면 9시를 기준으로 하는 3때, 즉 세 시간은 지금으로 치면 여섯 시간이 되므로 새벽 3시에 일어난 셈이 되는 것이다. 그러나 현장 스님은 『대당서역기』 권2에서 인도의 한 시간은 현재의 두 시간이 아니라 세 시간이었다고 기록했다. 즉 인도는 12지 같은 시간 체계를 가진 것이 아니라, 주간 네 시간 야간 네 시간으로 돼 있다는 것이다. 이렇게 보면 붓다는 밤 9시에 주무셔서 새벽 3시에 기상한 것이 아니라 오전 6시에 기상했던 것이다.

어떤 분은 '사람이 어떻게 아홉 시간을 잘 수 있느냐'고 할지도 모른다. 그러나 인도는 더운 곳임을 상기할 필요가 있다. 또 붓다 당시 인도 수행자들은 오전에 한 끼만 먹었다. 불가피한 '움직임'을 최소화할 필연성이 있었다. 그리고 제도라는 것은 상층 사람들이 아니라 중하층 사람들을 기준으로 맞춰진다. 실제로 여러 경전에서 붓다는 밤이나 새벽에도 깨어서 명상했다고 전해진다. 군대에서 취침 시간 후에는 다른 사람들을 방해할 수 있으므로 함부로 움직일 수 없는 것처럼 이때는 다른 사람에게 피해가 가지 않도록 조용히 있어야 한다. 이 같은 기준의 넉넉함과 다른 사람에게 피해가 가지 않도록 조용히 자신의 일을 하는 것. 이것이 바로 불교교단 생활의 핵심이다.

결론적으로 사찰의 하루가 새벽 3시에 시작된 것은 오해가 파생한 결과일 뿐이다. 현장 스님은 이것을 정확히 인지했고, 귀국 후 당나라 불교의 제 일인자가 되었음에도 이것을 시정하지 않았다. 자신 역시 새벽 3시를 기준으로 하루를 시작했다. 추운 기후에 속하며, 농경 문화가 발달한 동아시아에는 인도와 달리 동트기 직전에 일어나는 부지런한 풍속이 있었다. 이러한 환경에서 현장은 모범이 되어야 할 종교인이 농부보다 늦게 일어나는 것이 바람직하지 않다고 판단한 것이다. 그래서 그는 사찰 생활을 새벽 3시에 시작하지 않았음을 알면서도 동아시아의 문화 전통을 고려해 그대로 따랐던 것이다.

당시 현장의 판단은 전적으로 옳았다. 불교는 목적을 위해 수단은 얼마든지 변경할 수 있는 유연성을 가진 종교이기 때문이다. 그러나 오늘날은 같은 이유로 새벽 3시에 활동을 시작하는 것이 과연 타당한가에 대해 문제를 제기할 수 있다. 세월이 지날수록 밤이 밝아지면서 늦게 자는 문화가 형성되었기 때문이다. 이런 점에서 불교는 다시 한 번 더 유연성을 요구받고 있다. 그런데 재미있는 사실은 불교에서 새벽 3시에 활동을 시작하며 예불 기도를 올리는 문화가 현대의 개신교를 자극, 교회에서도 새벽 기도를 올리게 됐다는 점이다. 이것은 인접 문화로의 도미노 현상이다. 그러나 불교도 변화를 모색해야 하는 시점에서 개신교가 이것을 수용했다는 것은 분명 흥미로운 현상이다.

새벽 3시에 활동을 시작하는 문화는 고대 인도와 중국 간의 문화 상대주의에 대한 이해 부족에서 초래된 문제다. 그러나 이는 당시로서는 나름 타당성을 확보하는 문화이기도 하다. 그러나 오늘날의 입장에서는 다시금 오해가 불러일으킨 참극이자 극복하기 힘든 또 다른 문화의 전통으로 남아 있을 뿐이다.

하루의 시작을 알리는 목탁 소리

사찰의 하루는 새벽 3시에 시작되지만, 사찰을 깨우는 도량석을 하는 스님은 새벽 2시 30분 정도에 기상해야 한다. 도량석이란 잠든 도량을 깨운다는 뜻이다. 밤사이 고요 속에 잠긴 도량을 태양에 앞서 깨우는 장중한 수행자의 움직임, 이것이 바로 도량석이다.

도량석은 커다란 목탁을 들고 작은 소리에서부터 시작해 점차 크게 치

도량석.

고 다시금 작게 내리는 것을 세 번 반복한 뒤 시작한다. 본 경기에 들어가기에 앞선 워밍업이라고나 할까? 처음부터 강하게 치면 목탁 소리에도 사찰 내 스님들이나 짐승들이 놀랄 수 있다. 그러므로 이와 같은 나름의 배려를 하는 것이다.

도량석은 도량 주위를 『천수경』이나 『약찬게』와 같은 염불을 외우면서 도는 것이다. 십 분에서 십오 분 정도 소요되는데, 시계가 없던 시절에 거대한 사찰을 깨우는 수단이라고 이해하면 되겠다. 또 불교에서는 이를 통해 절 안의 스님들만 깨우는 것이 아니라, 눈에 보이지 않는 신들이나 짐승들까지 부처님의 교화를 입을 수 있도록 가르침을 베푼다는 의미도 있다. 이는 도량석뿐만 아니라 새벽 예불에 들어가는 모든 의식에서 살펴지는 불교의 방향성이다. 즉 모든 생명 있는 존재와 신과 죽은 이들까지도 끌어안고 피안의 이상 세계로 가고자 하는 것. 이것이 바로 불교인 것이다.

한국 사찰에만 있는 도량석

중국이나 일본불교에는 정확히 우리의 도량석에 해당하는 것이 없다. 물론 그들도 기상과 관련된 의식은 있다. 그러나 우리의 도량석 같은 형태는 없다는 말이다. 즉 도량석은 한국 사찰에서 더 비중 있게 발전했다. 이렇게 될 수밖에 없었던 이유는 중국이나 일본과 달리 한국 사찰들은 대부분 산에 있었기 때문이다. 절은 본래 산이 아니라 도시에 있었다. 탁발을 하는 인도에서는 절이 민가와 멀리 떨어진 곳에 있을 수 없었다. 우리나라 사찰들도 고려 때까지는 도시와 마을에 많이 있었다. 산사는 선종의 참선 수행을 하는 사찰들이었고, 상대적으로 소수였다. 그러나 조선 시대에 들어서면서 도시나 마을 사찰들이 모두 뜯기거나 용도가 변경되면서 결국 파괴가 어려운 산사를 중심으로 남게 된 것이다. 조선 조정도 산사만은 묵인했다. 산이 많은 우리나라의 지형 특성상 산사를 파괴하면 상인들의 물류 유통에 방해가 될 수 있었기 때문이다. 그 결과 오늘날과 같이 한국불교는 산중불교 중심의 구조를 갖추게 된다.

오늘날이야 산에 사람을 해칠 수 있는 산짐승이 없지만, 과거에는 호랑

이 같은 맹수들이 있었다. 특히 우리나라는 산이 많아 맹수의 이동 통로가 많았고, 호랑이도 번성했다. 사주에는 호랑이에게 잡아먹힌다는 '백호대살白虎大殺(호식살虎食殺)'이 있으며, '호환마마보다 무섭다.'는 표현이나, 호랑이와 곶감 이야기 또 '호랑이에게 물려가도 정신만 차리면 산다.'는 속담까지 있는 것을 보면 우리나라에 호랑이가 많았다는 사실을 짐작할 수 있다. 호랑이들이 사라진 것은 일제 강점기 일본인이 주도한 남획 때문이다. 그러므로 그 이전에 산에 산다는 것은 이런 호환의 우려를 안고 사는 것을 뜻했다. 바로 이런 상황에서 발전한 것이 도량석이다. 목탁을 이용해 커다란 소리를 냄으로써 맹수들을 물리치는 것이다. 실제로 사찰에는 도량석을 하다가 호랑이에게 물려갔다는 믿거나 말거나 한 전설이 전해지곤 하는데, 이것이 모두 겁을 주려고 지어낸 얘기는 아닐 것이다.

지금이야 교통과 도로가 발달해 산사도 가깝게 느껴지지만 불과 한 세대 전만 해도 벽지나 오지였던 사찰도 많다. 지금도 사찰에서는 도량석을 처음 하는 스님이나 행자에게 호랑이에게 물려갈 수 있다고 말하곤 한다. 지금이야 하는 사람이나 듣는 사람이나 모두 웃자고 하는 얘기지만, 과거에는 이것이 비단 우스갯소리만은 아니었을 것이다.

종송

소종과 대종

도량석이 끝나면 소종을 치면서 종송, 즉 종을 치면서 염불을
한다. 종은 불교에서 가장 중요한 수행구이자 신호 용구다. 그래서 큰 절에
는 크기가 다른 종이 여러 개 있게 마련이다. 가장 큰 종을 대종 혹은 범종이
라고 한다. 대종은 크기 때문에 붙은 명칭이며, 최고라는 의미가 붙으면 범
종이라고 부른다. 이 종은 보통 법고·목어·운판과 더불어 불전사물을 울릴
때 같이 타종한다. 그러나 크기와 무게 때문에 다른 불구와 별도로 범종각
등에 모신 경우가 많다.

소종 역시 크기 때문에 붙은 명칭이다. 소종은 보통 범종을 제외한 불
전사물과 더불어 이층 누각에 함께 거는데, 이는 불전사물은 한 세트라는 개

넘이 있기 때문이다. 소종은 법당이나 요사채의 마루처럼 한 사찰에 여러 개 있는 경우가 많다. 보통 종송 때는 법당 안의 소종을 사용한다. 소리를 널리 퍼지게 하려면 누각의 소종을 사용하는 것이 더 합리적이며, 불전사물이라는 개념에도 맞다. 그러나 종송은 십오 분 정도 앉아서 하기 때문에, 밖에서 하면 겨울에 추위가 문제가 된다. 그러므로 법당 안의 소종을 치는 것이 일반적이다. 사실 법당 안의 소종은 종송용보다 예불 시작을 마무리하는 정리 정돈용이다. 즉 누각의 소종과 법당 안의 소종은 역할이 다르다는 말이다. 그러나 현실적으로 편의상 현재 누각의 소종은 하나의 상징일 뿐이며 법당 안의 소종이 두 가지 역할을 다 한다.

종송이라는 명칭

종송이란 종을 치면서 하는 염불을 뜻한다. 쇠를 치면서 하는 소리하고 해서 쇳송이라고도 하는데, 여기에서 쇠란 철이 아니라 금속을 의미한다. 종송에서 송이란 게송을 뜻하는 말로 이는 인도 말 게타의 음의를 겸역한 말이다. 즉 게는 게타에서 따온 것이고, 송은 중국 전통 『시경』에 나오는 노래 방식인 풍風·아雅·송頌 중 인도의 게타와 비슷한 형식인 송을 차용한 것이다. 게타는 요즘 말로 하면 기타다. 힌두교 문헌 중 우리나라에도 번역본이 수십 종이나 출간돼 잘 알려진 『바가바드-기타』의 '기타'가 바로 '게타'다.

『바가바드-기타』의 바가바드는 불교에서는 박가범으로 음역하며, 번역하면 세존이 된다. 불교에서는 세존을 붓다를 지칭하는 용어로 사용하지만, 이는 본래 존칭이므로 존중하는 이를 가리킬 때 사용할 수 있는 말이다. 『바가바드-기타』의 경우 바가바드는 힌두교의 신인 크리슈나를 의미하며, 기타란 운문의 노래라는 뜻이므로 이 둘을 결합하면 '크리슈나에 대한 서사적 찬탄' 정도라고 하겠다.

　　인도에는 경전 같은 성스러운 가치들은 외워야 한다는 인식이 있다. 그러다 보니 암기가 쉬운 운문 형태가 발전한다. 불교 경전들 중에도 운문 형식의 게송이 많이 등장하는 것은 성립 연대가 올라간다. 이는 암송 문화를 바탕으로 전해졌음을 의미하기 때문이다. 즉 『법구경』이나 『수파니파타(經集)』 같은 것이 그렇다. 인도에서 종교적 내용을 기록한 것은 기원 전후의 일이다. 그러므로 경전에 존재하는 게송의 유무를 통해 경전의 성립 연대를 이해하는 것도 가능하다. 동아시아불교에서 가장 널리 보급된 경전인 『금강경』에는 총 네 차례의 사구게가 나오는데, 이는 암송 전통의 유산이 후대까지도 잔존했음을 뜻한다.

　　게송이란 보통 5언이나 7언으로 된 4구로 이루어진다. 이 같은 정형화는 중국 전통의 시詩문화와 관련이 있다. 게송의 내용은 크게 세 가지로 나눌 수 있다. 첫째는 부처님을 찬탄하는 것이고, 둘째는 경전의 핵심을 축약하는 것이며, 셋째는 선종에서 깨달음의 경계를 나타내는 것이다. 게송은 불교 의식 전반에 걸쳐 사용되며, 사시 기도 같은 때는 찬탄문을 주로 이용한다. 또 이렇게 발전한 게송은 요즘 식으로 말하면 노래에 해당한다. 사미

금고金鼓를 치면서 종송을 하고 있는 스님.

(니) 십계에 노래를 하면 안 된다는 조항이 있으니, 스님은 노래를 할 수 없는 것이 아니냐고 할 수도 있다. 그러나 대승불교에서는 붓다를 찬탄하는 노래에 한해서는 긍정적이다. 즉 게송에 의한 찬탄은 대승불교이기 때문에 가능한 동아시아의 전통인 것이다.

　　게송에 노래의 의미도 있으므로 기독교에서 신을 찬양하는 노래를 찬송가라고 번역하는 일이 가능하게 된다. 찬송가란 노래를 통한 찬양이라는 의미인데, 찬송가의 송이 바로 불교의 게송을 의미하는 것이다. 이런 점에서 보면 찬송가라는 번역은 매우 잘못된 것이다. 그런데 알고 보면 천당 역시 불교에서 신들의 세계에 있는 집을 의미하는 불교 용어이며, 장로 역시 출가한 지 오래된 승려를 지칭하는 용어다. 이런 점을 고려하면 한국 기독교의 번역어 사용에 문제가 많다는 것을 알 수 있다. 한때는 교회를 예배당으로 불렀는데, 이 말은 '예를 갖춰 절하는 집'이라는 뜻이다. 오늘날까지도 '주일 예배를 본다.'고 하는 상황이니 이제는 정정하기도 어려운 상황이 아닌가 한다.

종송의 내용

종송을 다른 말로는 아침 송주라고도 한다. '아침에 하는 게송과 주문'이라는 의미다. 아침에 종송을 하는 이유는 두 가지다. 첫째는 도량석이라는 기상 목탁이 울려도 자리를 정리하고 씻는 시간 등이 필요하기 때문에 준비에 탄력성을 주기 위해서다. 둘째는 필수적인 암송 훈련을 시키기 위해서다. 사찰에서 스님으로 살아가려면 암기해야 할 것이 반드시 있다. 이것을 종송으로 묶어 반복시킴으로써 암기하게 하는 것이다. 그러다 보니 종송의 내용은 하나의 일관된 주제가 있는 것이 아니라 여러 좋은 내용들로 복잡하게 구성돼 있다. 예컨대 붓다의 일생에서 중요한 여덟 가지를 나타내는 '석가여래팔상성도'나 선종의 깨달음을 나타내는 게송 및 맨 마지막의 아미타불에 대한 찬탄과 같은 것은 붓다에 대한 찬탄이나 깨달음과 관련된 내용이다. 그러나 부모님의 은혜를 기리는 '다생부모십종대은'이나 주변사람들의 고마움을 생각하라는 '오종대은명심불망'은 동아시아의 효 문화와 모든 분에게 감사의 마음을 가지라는 것으로 불교의 외연이 확대된 부분이라고 할 수 있다. 가장 흥미로운 대목은 큰소리로 염불하는 공덕을 찬탄하는 '고성염불십종공덕'이다. 새벽에 졸리다 보니 염불을 크게 하지 않고 우물거리는 일이 발생하곤 했나 보다. 이것을 경계하기 위해 아예 크게 하라는 대목을 삽입한 것이다. 과거 사찰의 생활상이 눈에 보이는 듯하다.

종송은 맨 처음 시작을 의미하는 종 울림을 주고, 게송들을 한 대목씩 외우면서 종을 한 번씩 친다. 그리고 끝에 이르면 게송을 빨리 외우면서 종치는 속도도 빠르게 한다. 그러고 나서 마치는 종 울림으로 전체를 마무리한다.

사찰의 신호 용구를 사용할 때는 시작과 끝 부분을 강렬하게 해야 한다. 끝을 명확히 해야 다음 순서의 스님이 혼동하지 않고 소리를 연결시킬 수 있기 때문이다. 사찰의 의식구를 활용할 때는 이런 기본 암호들을 모두 사용한다. 그렇기 때문에 아무런 말이 없이도 톱니바퀴처럼 전체가 연결돼 돌아가며, 문제가 생겨도 누가 문제인지 단번에 파악할 수 있는 것이다.

불전
사물

종과 북은 군주의 상징

　　불전사물은 예불 전에 중생을 구제하기 위해 울리는 불교의 자비 실천으로 법고·목어·운판·범종으로 구성돼 있다. 이 중 핵심은 진리의 북이라는 의미를 지닌 법고와 범종이다. 본래 종과 북은 군주의 권위를 상징하는 도구였다. 아주 옛날 종과 북은 전쟁과 관련된 신호 용구였다. 벌판에서 대규모의 군대가 진영을 갖추고 전쟁을 벌일 때 북소리는 진격을, 종소리는 퇴각을 의미했다. 특히 북은 여럿이 함께 치면 상대의 기를 압도하고 아군의 사기를 북돋는 기능을 했다. 흔히 전투 시 깃발을 신호 용구로 썼을 것이라 생각하는데, 깃발은 소규모 전투나 구릉을 끼고 있어서 지대가 높은 곳에 있을 때나 사용할 수 있었다. 개활지 전투에서는 거의 실효성이 없다.

군대의 지휘권과 관련된 상징이라는 점에서 종과 북은 군주의 권위를 지니며 악기로서도 최고의 대우를 받는다. 그래서 후대까지도 성문을 열고 닫을 때는 종과 북을 사용했다. 성문 개폐는 시간 고지와 성민 통제라는 두 가지 권위를 갖는 것이다. 종과 북의 권위는 최근까지도 유지되고 있으며, 이는 오늘날에도 새해맞이 시 보신각에 걸린 제야의 종을 타종하는 문화로 이어지고 있다. 이 역시 새해라는 시간의 통제와 관련된 측면이 있기 때문이다.

중국 문화에서 성인은 군주와 같은 위계를 가진다. 이를 성인 군주론이라고 하는데, 여기에서 파생한 것이 모든 성인은 곧 군주여야 한다는 것이다. 오늘날 '성인≠군주'라는 인식이 확립된 상황에서 '성인=군주'라는 관점은 생소할 뿐이다. 그러나 고대 중국의 태평성대를 이룬 주인공 요임금과 순임금 그리고 하나라의 시조 우임금과 은나라의 시조 탕임금은 모두 성인이자 군주다. 이는 주나라의 개국 군주인 문왕과 무왕 및 주공을 통해서도 확인할 수 있는 사실이다. 이 같은 분들을 일컬어 흔히 요·순·우·탕·문·무·주공이라고 한다.

또 후대에 성인으로 추앙되는 문성 공자나 무성 관우는 군주가 아니었기에 각각 추증을 통해 공자는 문선왕과 소왕으로, 관우는 관왕과 관제로까지 올려 군주로 만들어 버렸다. 공자는 이렇게 왕이 되었기 때문에 공자상은 황제를 상징하는 면류관(冕旒冠, 예전에 임금이 정복인 곤룡포를 입을 때 쓰는 관)을 착용한 모습으로 만든다. 또 관우는 황제로 추증되었기에 임진왜란 때에는 선조가 관우 사당에 절을 올리기도 했다. 그 장소가 오늘날 지하철 5호선의 동묘역 부근에 위치해 있다. 동묘란 관우의 사당을 의미한다.

　　이 같은 중국 문화의 '성인=군주'라는 인식은 이후 동아시아의 유교 문화권에서 일반화되기에 이른다. 사실 불교가 천년 이상 중국에서 지배 이데올로기로 기능할 수 있었던 것에 반해 기독교나 이슬람이 그렇게 되지 못한 이유는 교조의 신분과 관련된 부분이 있다. 중국인들은 붓다가 태자 출신으로 왕위를 거부한 인물이었기에 붓다를 군왕에 준하는 인물로 이해했다. 이러한 '붓다=군주=성인'이라는 공식에 거부감이 없었다. 그러나 예수나 무하마드는 '예수·무하마드≠군주=성인'이었기 때문에 이들을 성인으로 받아들이는 데 문제가 있었다. 오늘날의 관점에서 보면 '설마 그럴까'라고 할 수 있지만, 교조에 대한 전통 문화와 인식 충돌이 분명히 존재한 것으로 보인다. 마치 조선 정조 때 가톨릭 신도 윤지충이 제사를 지내지 않고 조상의 신주를 불태운 소위 진산 사건을 계기로 천주교도를 대대적으로 박해한 사건(신해박해)을 생각하면 된다. 오늘날의 관점으로는 별 문제가 아닌 것 때문에 당시 사형된 자가 백 명, 유배된 자가 사백 명에 이르는 실로 엄청난 결과를 초래한 것이다.

　　붓다는 중국의 성인 기준에 맞았기 때문에 성인으로 인정받기 쉬웠다. 그래서 군주에 준하는 다양한 권위를 확보한다. 붓다는 황제만이 사용할 수 있는 황색을 사용할 수 있다는 것이 대표적인 예다. 이는 불상에 개금을 하는 형식으로 오늘날까지 남아 있다. 또 사찰에는 단청과 99칸 이상의 건물을 허용한 점 그리고 대웅전이나 적광전처럼 건물 이름에 '전'자를 사용할 수 있는 것을 들 수 있다. 건물 명칭에 '전'자를 사용할 수 있는 것은 조선 시대에는 왕궁과 사찰뿐이었다. 또 부처님에게 절을 세 번 하는 것도 군주의 기준에 준해 적용되는 예법이다.

이 같은 '붓다=군주'라는 인식 속에서 군주권의 상징인 종과 북 역시 사찰에 수용된 것이다. 즉 종과 북은 과거에는 단순한 악기가 아니었고 최고의 권위를 상징하는 신물이었던 것이다.

사물의 용도

종과 북을 기초로 성립된 것이 불전사물이다. 목어와 운판은 종과 북이 수용되고 한참 후에야 불교문화로 결합돼 불전사물이 완성된다. 이러한 완성은 선종이 발달한 당송 시대로 추정된다.

사찰 입구에는 각각 종을 매다는 누각과 북을 거는 누각을 만들었다. 중심 법당을 기준으로 좌측에 종을, 우측에는 북을 두었기 때문에 좌종루와 우고루라는 말이 생겼다. 종과 북의 권위가 높았기 때문에 각기 하나의 누각을 차지한 것이다. 또 종과 북은 신호 용구로 쓰였기에 높은 곳에 다는 것이 효율적이다. 마치 유럽에서 시계 역할도 한 성당의 종탑을 높은 곳에 둔 것을 생각해 보면 된다.

처음에는 종과 북만 있었다가 목어와 운판을 사용하면서 상징적인 구성을 갖추었고 불전사물로 거듭난 것이다. 목어는 원래 사찰 목욕탕에서 물을 더 달라고 할 때 사용하던 신호 용구였다. 그래서 물고기 모양으로 조각했던 것이다. 운판은 부엌에서 공양 시간을 알리는 용도로 만들었던 것이다. 그래서 불의 화기를 억누르는 구름 모양을 띠는 것이다. 각각 다른 곳에서 다른 용도로 쓰이던 네 가지 신호 용구가 결합되면서 종교적 의미의 재구성을 거치게 된다.

먼저 목어의 물고기 모양은 수중 생물의 구원이라는 의미를 갖게 되며 형태도 수족의 대표인 어룡魚龍으로 바뀐다. 운판의 구름 모양은 날짐승 구제라는 상징을 입고, 형태 역시 구름 모양 안쪽에 해와 달이 부조된다. 일월을 머금은 하늘 전체를 상징하는 것으로 외연이 확대된 것이다. 북은 소가죽으로 만들기 때문에 땅에 사는 길짐승을 구원하는 의미를 부여받는다. 끝으로 종은 강력한 쇳소리로 지옥과 사후 세계의 영혼들을 제도한다는 의미를 갖게 된다. 이를 알기 쉽게 정리하면, 불전사물은 이승인 육·해·공과 저승인 사후 세계를 아우르는 모든 중생의 제도를 뜻한다고 하겠다.

불전사물을 울리는 순서와 방식

불전사물을 치는 순서는 통일되어 있지 않다. 가장 일반적 순서는 법고→목어→운판→범종이거나, 법고→범종→목어→운판 순이다. 전자는 법고와 범종이라는 권위 있는 사물로 시작과 끝을 아우르는 반면 후자는 법고와 범종을 전반부에서 모두 울린다는 점이 다르다. 문제의 핵심은 법고와 범종을 어디에 배치하느냐에 있다. 내 생각에 법고와 범종을 전반부에 치는 구조는 성문의 개폐 시 종과 북을 울리던 순서가 영향을 미친 것으로 판단된다. 즉 성문 개폐 시 북을 치고 종을 울리는 것을 기초로 목어와 운판을 덧붙인 것이다. 그러므로 사찰에서 불전사물을 치는 바른 방식은 법고→목어→운판→범종 순이 아닌가 한다. 왜냐하면 전통적으로 중요한 것을 전후에 배치하며, 앞보다 뒤에 더 중요한 의미를 부여하기 때문이다. 그러므로 이 같은 순서 배열이 가장 타당하고 합리적이라고 생각된다.

불전사물을 치는 순서는 이외에도 경우의 수가 더 있다. 같은 절에서도 아침 예불과 저녁 예불 시 다른 순서로 치는 경우도 있다. 이 같은 변화는 아침과 저녁의 예불 순서가 다른 것에서 기인한 것으로 이해된다. 보통 아침 예불은 큰 법당에서 시작해 작은 법당으로 내려가지만, 저녁 예불은 작은 법당에서 시작해 큰 법당에서 마무리하기 때문이다. 그러나 불전사물은 조석 예불 시 모두 예불 앞에 시전된다는 점에서 아침과 저녁에 순서를 다르게 하는 것은 타당하지 않다. 그러므로 법고→목어→운판→범종의 일관된 순서로 통일하는 것이 옳다고 하겠다.

불전사물을 치는 방식은 다음과 같다. 법고는 치는 횟수가 가장 많다. 전체 아홉 회나 친다. 『주역』에서 숫자 9는 양을 나타내는 수인 동시에 '모든'을 의미하기도 한다. 그러므로 사찰에서 법고를 아홉 회 치는 것에서 밝은 양기를 북돋고 모든 것을 아우르려는 인식을 읽을 수 있다. 법고를 아홉 회나 치다 보면 시간적으로나 체력적으로 상당히 힘들다. 그래서 다른 사물은 혼자서 치지만 법고만큼은 최소 두 사람이 교대로 친다. 또 현대 조계종에서 법고를 칠 때 테를 동시에 두드리면서 마치 칙칙폭폭 하는 기차 소리와 비슷한 소리를 내는데, 이는 전통적인 방식이 아니다. 새롭게 유행한 신종 타법이다. 불교의 타법은 소리가 작아졌다 커졌다는 해도 완전히 끊어지는 것은 용납하지 않기 때문이다. 뚝뚝 끊어지는 것은 단절을 나타내기 때문에 전통적으로 불길한 의미로 이해한다.

목어는 오르락내리락하기를 총 세 번 치며 운판 역시 마찬가지다. 이는 법고의 아홉 회에 비하면 삼분의 일 수준밖에 되지 않는다. 목어와 운판이 법고의 권위에는 미치지 못하기 때문이다. 사물들 사이에도 위계가 존재하는 것이다.

범종은 아침과 저녁의 타종 횟수가 다르다. 아침에는 서른세 번을 치고 저녁에는 스물여덟 번을 친다. 아침에 서른세 번을 치는 데는 도리천이라는 신들의 세계에까지 종소리를 전달한다는 의미가 담겨 있다. '도리'라는 말은 인도 말로 33을 뜻한다. 도리천에 총 서른세 분의 신들이 살기 때문에 이 같은 명칭이 붙었다. 사찰에 부처님을 모신 법당 안에 들어가면 불상을 수미단이라는 긴 장방형의 단 위에 모신다. 수미단은 인도 우주론의 중심산, 즉 우주산인 수미산정에 부처님이 계신다는 상징을 내포한다. 이 수미산의 정상이 바로 도리천이다. 그러므로 아침에는 도리천까지 범종 소리가 전달되도록 서른세 번 타종하는 것이다. 또 사찰의 서른세 번의 타종 전통이 오늘날 새해맞이 때 보신각 재야의 종을 서른세 번 타종하는 것으로 이어지고 있다.

저녁 예불 시 범종을 스물여덟 번 치는 것은 스물여덟 개의 별을 의미한다. 우리가 흔히 말하는 좌(동)청룡·우(서)백호·남주작·북현무는 사실 고

북을 치고 있는 스님.
불전사물은 보통 법고 – 목어 –
운판 – 범종 순으로 진행된다. 물
론 사찰별로 다른 경우도 있다.
법고는 보통 아홉 회를 치고, 범
종은 아침에는 서른세 번, 저녁
에는 스물여덟 번을 친다.

대인이 생각한 중요한 별자리를 나타낸다. 네 방위를 나타내는 이들 동물을
사궁四宮이라고 하고, 이 사궁 속에 다시금 일곱 개의 별이 배속된다. 그래서
4×7=28이 되는 것이다. 저녁에는 하늘에 이러한 별자리가 펼쳐지므로, 이
를 통해 모든 곳에 붓다의 가르침이 퍼지라는 뜻에서 스물여덟 번 타종하는
것이다.

　　이렇게 해서 불전사물을 시전하는 시간은 이십오 분에서 삼십 분 정도
다. 여기에 도량석과 종송까지 계산하면 새벽 예불 이전의 식전 의식만 한
시간 정도 진행된다.

새벽
예불

방석 배치와 법랍

새벽 예불 전 의식은 도량석과 종송 그리고 불전사물 순으로 진행한다. 그런데 이는 메인 이전에 하는 식전 행사라고 할 수 있다. 그러므로 출가가 늦은 스님들이 담당한다. 일부 스님들만 참여하는 의식일 뿐이다. 그러나 예불은 전체 스님들이 모두 참석하는 합송이라는 점에서 격이 완전히 다르다.

새벽 예불 전에 모든 스님은 법당의 정해진 자리에 와서 삼배를 올린 후 무릎을 꿇고 착석해야 한다. 예불 전에 법당에 방석을 까는데, 사찰의 모든 스님은 지정석이 있다. 지정석은 법랍이라는 출가 순서를 따른다. 좌석의 서열 원칙은 불단과 가까울수록 위치가 낮고 멀수록 높다. 즉 출가한 지 오래된 분들이 불단에서 먼 곳에 앉는다. 정리해 보면 행자가 가장 앞, 그 다음이 사미, 그 뒤로 비구가 위치한다. 같은 사미나 비구라면 중앙 쪽에 자리할수록 법랍이 더 높다. 또 불상과 마주한 정 가운데는 주지 스님이나 해당 사찰의 원로 스님이 앉는다. 앉는 자리까지도 서열을 정한다는 것을 의아해할 수도 있다. 그러나 법당은 침묵의 공간이기에 모든 것을 유기적으로 잘 짜지 않으면 혼란이 발생한다. 그러므로 앉는 자리도 서열을 통해 정확한 구조를 만드는 것이며, 이러한 서열의 기준은 붓다가 정한 출가 순서를 따르는 것이다.

식전 행사인 불전사물 시전 중에서도 마지막 순서인 범종 타종이 끝나면, 한 스님이 법당 안의 소종을 쳐서 예불에 참석한 대중이 몸과 마음을 바로잡도록 유도한다. 소종 소리가 그치면 곧바로 목탁이 이어받아 예불을 시작한다. 본사 중에는 목탁 대신 경쇠를 사용하는 경우도 있다. 경쇠는 인경引磬이라고도 하는데, 예불에 참석한 전 대중을 인도하는 구리로 된 타악기다. 경쇠의 경은 본래 편경이라는 돌로 된 악기를 뜻한다. 종묘제례악 등 궁중 의례 시 편종과 함께 활용하는 악기다. 그런데 사찰에서는 이를 변용해 돌 대신 금속으로 만들었고, 이 차이를 부각하고자 이름에 '쇠'자를 붙여 악기의 질료적 속성을 나타낸 것이다.

경쇠는 동으로 된 밥공기만 한 것을 거꾸로 매달아 영양의 뿔로 친다. 중국불교에서도 경쇠를 사용하는데 크기가 작아서 한 손으로 잡고 친다는 점에서 우리의 경쇠와는 사뭇 다르다. 흔히 사찰에는 '코 경쇠 귀 요령'이라고 하여 경쇠는 코앞에서 치고, 요령은 귀 옆에서 흔든다는 말이 있다. 즉 경

예불 전에 모든 스님은 법당의 정해진 자리에 와서 삼
배를 올린 후 무릎을 꿇고 착석해야 한다. 예불 전에 법
당에 방석을 까는데 여기에도 나름의 지정석이 있다.

쇠는 바로 얼굴 앞에서 치는 악기인 것이다. 경쇠에는 예불에 참여한 대중을 인도한다는 의미가 있기 때문이다. 경쇠로 예불할 때는 선창이라는 것을 한다. 즉 경쇠를 쥔 스님 옆에서 한 스님이 예불을 한 대목씩 먼저 하는 것이다. 그러면 나머지 대중들이 선창에 맞춰 예불을 올린다. 일종의 돌림 노래를 생각하면 되는데, 선창자는 혼자 대중 전체를 인도하기 때문에 상당한 부담을 갖게 된다. 선창을 하는 이유는 예불을 틀리게 하는 것을 막고 전체적으로 통일시키기 위해서다. 그러나 선창자의 부담이 크기 때문에 사찰에 거주하는 스님들이 아주 많지 않은 경우에는 목탁에 맞춰 한꺼번에 합송하는 방식을 취한다.

상단 예불

새벽 예불은 상단, 즉 부처님께 먼저 드린다. 이때 다게라고 해서 차를 올리는 의식을 하는 경우가 있고, 오분향이라고 해서 향을 올리는 방식이 있다. 차는 중국 문화이고 향은 인도에서 전래한 문화라는 점에서 양자는 완전히 다른 두 문화를 대변한다. 그러므로 불교에 맞는 것은 향을 올리는 오분향이며, 이는 우리나라의 불교 전통과도 일치한다. 즉 다게는 최근에 나타난 양상이라는 말이다.

예불문은 일반적으로 칠정례七頂禮를 사용한다. 칠정례란 일곱 번 머리를 조아려 절한다는 의미다. 그러나 사찰에 따라서는 절을 올리는 횟수를 늘려 구정례를 하기도 한다. 절 횟수를 늘리는 것은 해당 사찰을 창건한 고승의 은혜와 공덕을 기리기 위함이다. 그러나 늘릴 때도 원칙이 있다. 절을 하는 전체 숫자는 언제나 홀수가 되어야 한다. 즉 칠정례를 구정례나 십일정례로 만들 수는 있어도 팔정례나 십정례는 있을 수 없다. 이는 홀수와 짝수의 위계 차이에서 비롯된 것이다. 홀수는 하늘이나 정신 및 양을 상징하고, 짝수는 땅이나 물질 또는 음을 상징하기 때문이다. 이에 따라 불교에서 행하는 모든 의식은 홀수로 이루어진다. 짝수는 찾아볼 수 없다. 이는 탑의 층수나 불상을 모시는 숫자처럼 불교문화 전반에 걸쳐 두루 적용되는 원칙이다.

칠정례 예불은 조계종과 같은 종단을 넘어서 한국불교 전반에 두루 퍼져 있다. 그러나 이 예불이 만들어진 것은 해방 후의 일로 조계종이 주도한 의식 간소화에 따른 결과물이다. 그 전에는 향수해례香水海禮나 오분향례五分香禮 또는 사성례四聖禮와 같은 예불을 하곤 했는데, 이 같은 예불은 많은 시간이 소요되는 것은 물론 초학자와 신도들이 따라 하기가 쉽지 않았다. 그렇게 해서 등장한 것이 칠정례다. 칠정례는 간편한 것은 물로 쉽게 따라 할 수 있다는 장점과 장중함이 깃들어 있다는 점에서, 조계종을 넘어 한국불교 전체에 정착된다. 즉 칠정례는 한국불교사상 가장 짧고 위력적인 히트 상품인 것이다.

칠정례가 끝나면 축원을 올린다. 축원은 예불에 참석한 스님 중 가장 큰스님이 하는 것이 원칙이다. 그러나 큰스님이 연로하거나 힘들어할 경우 젊고 목소리가 좋은 스님이 대신하는 편법이 이루어지기도 한다.

이때 사용하는 축원은 일반적으로는 고려 말 공민왕 시기에 왕사를 지낸 나옹 스님의 발원문이다. 이것을 '행선축원'이라고 하는데 '선불교를 바탕으로 모두 함께 실천하고자 하는 발원과 축원'이라는 의미다. 내용인즉, 위로는 붓다와 같은 완전한 깨달음을 이루고 가운데로는 문수보살이나 관세음보살 같은 보살들의 고결한 중생 구제의 행위를 본받아, 아래로 모든 이들을 이롭게 하고 깨달음의 세계를 이룩하겠다는 것이다. 이 외에도 사찰에 따라는 한글로 된 축원을 하거나 1964년 운허 스님이 번역한 '이산혜연선사발원문'으로 대신하는 경우도 있다. '이산혜연선사발원문'은 한글로 번역된 축원 중 가장 우수한 사례인데, 한글의 의미와 균일한 글자 수 배열에 치중하다 보니 원문에 대한 충실한 번역과는 다소 거리가 있다. 어떤 의미에서 이는 번역이라기보다 새로운 방식의 찬술이라는 생각이 들 정도다. 그러나 그렇기 때문에 가장 한국불교적이어서 많은 분들이 지지한다.

축원까지 끝나면 부처님과 관련된 상단 예불은 모두 끝난다. 그 뒤로는 중단과 하단 예불이 이어진다.

중단 예불과 하단 의식

중단은 신중단을 의미한다. 불교는 신을 인정하지만 이들은 진리를 증득한 붓다에 비견될 존재가 아니다. 이는 유교에서도 신을 인정하지만 공자를 더 높이는 것과 같다. 그러므로 신에 대한 예불은 부처님 다음에 올리는 것이다.

신중단은 본존 불상을 중심으로 좌측에 배치된다. 이는 좌측이 주인석

새벽예불

이고 우측이 객석이라는 중국 문화의 좌석 배치 순서를 따른 것이다. 또 상석 개념에서 주인공의 좌측이 상석이며 우측이 하석이 되는 것과도 일치한다. 신중을 주인으로 보는 것은 이들이 붓다를 호위하는 일종의 경호원 역할을 하기 때문이다. 그래서 신중을 옹호성중이라고도 한다.

신중단의 신들은 붓다가 『화엄경』을 설하실 때 운집했던 「세주묘엄품」에 등장하는 서른아홉 분의 신들이다. 이들을 기본으로 우리의 토착 신들을 더해 백네 분의 신들을 묘사하는 경우도 있다.

중단 예불은 예전에는 삼정례를 하고 『반야심경』을 독송하는 것이 원칙이었지만, 최근 들어서 『반야심경』만 독송하는 것으로 축약되었다. 이는 해인사 성철 스님이 불법승의 삼보에 들어가는 스님들이 신중에게 절을 하는 것은 맞지 않다며 수정해야 한다고 주장했기 때문이다. 이는 한국불교 전통에 위배되는 것이다. 그러나 『반야심경』만 하는 것이 더 간편하기 때문에 오늘날에는 거의 모든 사찰에서 『반야심경』만 한다. 현대 불교의식의 변화를 살펴보면 일단 간소한 의식이 대두되면 이쪽으로 무게 중심이 매우 빠르게 쏠린다는 점을 들 수 있다. 그러나 종교 의식이란 효율성이 아니라 속도가 느리고 다소 돌아가더라도 행복을 추구한다는 점을 간과해서는 안 될 것이다.

중단 예불이 끝나면 반대쪽 객석에 해당하는 곳에서 하단 의식을 올린다. 하단은 감로단이라고 하는데, 여기에서 감로란 영생과 불사의 의미로 극락의 이상을 상징하는 표현이다. 극락의 주재자인 아미타불을 감로왕여래라고도 한다. 이는 극락이라는 최고의 이상 세계를 아미타불이 주관하기 때문이다. 감로단은 지장보살과 아미타불이 죽은 영혼을 구제해 극락으로 인도하는 것을 상징한다. 그래서 감로단을 영단이라고도 하며, 이곳에서 죽은 영혼에 대한 재의식을 올리기도 한다. 이런 영혼들은 법당에 상주하는 분들이 아니기 때문에 객석에 배치하는 것이다.

하단 의식은 예불이 아니다. 그저 죽은 영혼들을 위해 서산 대사가 『원각경』「보안보살장」의 내용을 축약해서 정리한 '무상계'를 한 번 읊는 것으로 끝난다. '무상계' 내용은 모든 것은 변화하는 것으로 집착의 대상이 없으니, 나라는 존재 역시 바로 그렇다는 것이다. 그러므로 모든 집착을 털어버리고 자유를 찾아 신들의 세계인 천당으로 가거나 각성해서 깨달음을 얻으라는 가르침이다. 즉 하단 의식은 돌아가신 영혼들에게 붓다의 가르침을 간략하게 설해 주어 진정한 자유를 얻으라고 촉구하는 것이다.

이렇게 하단 의식까지 마치면 주불전 새벽 예불은 모두 끝난다. 새벽 예불에 소요되는 시간은 대략 삼십 분이다. 이후 스님들은 법랍의 순서에 의거해 차례로 법당을 빠져나가고, 기도하는 스님은 남아서 새벽 기도를 올린다. 또 작은 법당을 맡은 담당 스님들은 작은 법당에 가서 재차 새벽 예불을 올린 후 새벽 기도를 한다. 새벽 예불은 큰 법당에서 시작해 작은 법당으로 전개되는 방식이다. 이는 저녁 예불을 작은 법당에서 시작해 큰 법당에서 마치는 것과는 반대다. 새벽 예불에는 해가 떠오르듯이 전체를 시작하는 의미가 있으며, 저녁 예불은 해가 지는 것처럼 전체를 거두어 간직하는 뜻이 있기 때문이다. 이를 사찰에서는 '부채를 펴고, 편 부채를 접는 것과 같다.'고 한다.

산사의 하루

『예불문』과 『반야심경』

『예불문』과 다게

　　새벽 예불의 핵심은 상단의 『예불문』과 중단의 『반야심경』이다. 그러므로 이 내용은 한국불교의 사상을 파악할 수 있는 좋은 척도다. 『반야심경』은 『서유기』로 유명한 현장 법사가 정리한 것으로 티베트에서부터 일본까지 두루 독송되는, 대승불교권을 대표하는 경전이다. 그러므로 이를 통해 한국불교만의 특성을 파악하는 데는 어려움이 있다. 그러나 『예불문』은 현대에 만들어져서 매일 조석으로 거의 모든 사찰에서 독송된다는 점에서 한국불교의 지향점을 인식하는 데 적지 않은 의의를 내포한다.

　　한국불교는 1,700년이라는 아주 오랜 전통이 있고, 또 오교구산을 필두로 많은 종파들이 존재했기 때문에 『예불문』 역시 다양한 양식으로 존재했다. 그러나 조선 시대에 불교가 국가 주도로 통합됨에 따라 여러 양식으로 존재했던 『예불문』의 본래 색깔이 약해진다. 조선 말에 이르면 몇 가지의 『예불문』으로 정착되는 모습을 보인다. 이것이 향수해례·오분향례·사성례 등이다.

현대의 칠정례는 이 중 오분향례를 기본으로 의식을 간소화한 것이다. 이런 점에서 보더라도 칠정례 앞에 다게를 하는 것은 타당하지 않다고 판단된다. 다게란 부처님께 차를 올리는 의식으로, 과거 중국 유학을 다녀온 승려들이 불교와 융합된 중국의 차 문화를 한국불교에 수용한 것이다. 중국은 물에 석회 성분이 많아 그냥 마시기에는 부적합하다. 그래서 적절한 중화 과정이 필요했다. 이것이 중국에서 차 문화가 발달한 이유다. 이 같은 배경에서 중국불교에서 불교와 차 문화가 섞이게 된다. 특히 차 문화는 산사를 위주로 발전한 가장 중국적인 불교인 선종에서 두드러진다. 그래서 차와 선은 한맛이라는 다선일미茶禪一如나 조주 선사의 '차나 한잔 들게나(喫茶去).'와 같은 선가의 일화가 전해지는 것이다.

우리나라는 산이 많아서 물이 좋기 때문에 굳이 차를 마실 필요가 없다. 하지만 유학승들이 중국의 선진 문화를 소개하는 차원에서 차를 끌어들였다. 즉 최근 유럽이나 미국 등 외국을 자주 오가는 사람이 늘면서 고급 와인 문화가 유행하는 것처럼, 우리나라에 들어온 차 문화는 외국 물을 먹은 승려들이 한껏 멋을 부린 것이라고 하겠다. 이렇게 형성된 것이 한국의 다도 문화와 차례 그리고 사찰의 다도다. 그리고 이와 같은 연장선에 바로 부처님께 차를 올리는 다게도 존재하는 것이다.

　　사찰에서 차 문화가 발전할 수 있었던 이유는 유학승의 활약과 더불어 산사가 차를 재배하고 문화화하기 좋은 조건을 갖췄기 때문이다. 차의 중국 발음은 챠이고 일본 발음은 차이며, 우리는 차와 다를 혼용해서 사용한다. 차례·녹차·작설차·찻집 등에서는 차라고 하고, 다방·다과상·다식 등에서는 다라고 하는 것을 보면 이해가 쉽다. 차라는 발음은 중국 황하 유역의 발음이고 다는 양자강 이남, 즉 강남 지방의 발음이다. 즉 중국은 지역이 넓기 때문에 북쪽과 남쪽의 차茶 발음에 차이가 있는 것이다. 이 중 당나라와 북송까지의 북방 중심의 차 발음이 우리나라에 먼저 들어오고, 이후 남송 시대가 되면서 다 발음이 들어오면서 오늘날 같은 혼재 양상이 발생했다. 또 우리 발음으로는 차와 다의 발음이 완전히 다르지만, 중국어에는 성조가 있기 때문에 두 발음이 상대적으로 유사하게 들린다.

　　다게는 부처님께 차를 올릴 때 하는 게송인데, 과거 불교의 차 문화를 알 수 있게 해 준다는 점에서 주목된다. "금장감로다今將甘露茶."라는 말은 '이제 감로의 차를 올린다.'는 것이다. 그러나 조선 시대 불교의 경제력이 떨어지면서 다게를 할 때 차 대신 맑은 물을 올리고 차처럼 받아 주십사 하는 방식으로 변모된다. 이것이 오늘날 하는 다게의 "아금청정수 변위감로다."라는 것이다. 이는 '제가 이제 청정한 물을 올리오니, 감로의 차로 변하여지리다.'라는 의미다. 우리가 흔히 사용하는 표현 중 '차린 건 없지만 많이 먹으라.'는 것과 유사하다고나 할까? 불교의 경제력에 따른 불교 차 문화의 몰락을 읽을 수 있는 대목이다. 그런데 문제가 되는 것은 오늘날에는 차를 올릴 수 있음에도 아직까지도 물을 올리고 이와 같은 다게를 계속한다는 것이다. 이럴 바에는 다게를 완전히 걷어 내고 조석 예불 시 모두 오분향을 중심으로 하는 것이 타당하다고 판단된다.

칠정례

칠정례는 오분향례를 바탕으로 만든 것이기 때문에 앞부분에 오분향례와 같은 오분향에 대한 언급을 한다. 오분향이란 초기불교 『아함경』 등에서 살펴지는 오분법신이라는 개념을 향과 결합해 재구성한 것이다. 내용은 계율·선정·지혜의 삼학에, 이의 결과인 해탈과 해탈에 대한 자기 인식인 해탈지견으로 되어 있다.

칠정례는 총 일곱 번 절을 올리는 방식인데, 전체 순서는 다음과 같다.

① 불교의 교조인 석가모니에 대해 예배함
②·③·⑦ 화엄사상의 관점에서 불법승의 삼보를 예배함
④ 승보 중 대승불교의 위대한 보살을 예배함
⑤ 승보 중 초기불교의 제자들과 소승불교의 성자들을 예배함
⑥ 승보 중 중국 선종과 한국 조계종의 모든 조사 스님들을 예배함

이 중 ②·③·⑦에서처럼, 불법승에 대한 예배를 순서대로 하지 않고

승에 대한 예배를 맨 나중에 하는 구조가 특이하다. 이는 승에 대한 예배가 ④·⑤·⑥을 포함하는 총괄적인 부분이기 때문이다. 이렇게 보면 칠정례는 교조인 석가모니와 불법승 삼보에 대한 예불이며, 이 중 가장 비중이 큰 것은 ④·⑤·⑥·⑦에 걸쳐 나타나 있는 승이라는 것을 알 수 있다.

현장과 『반야심경』

불교를 넘어서 전 세계적으로 가장 긴 경전은 『대반야경』이다. 『대반야경』은 권수가 600권이나 되는 반야사상과 관련된 경전의 풀 세트다. 이 경전을 인도에서 중국으로 가져와 번역한 사람이 현장이다. 『자은전』권 10에는 이 경전을 번역할 당시의 어려움이 기록돼 있다. 당시 이 경전에는 인도어 게송이 이십만 개나 됐으며, 현장의 나이는 예순둘로 고령이었다. 현장으로서는 부담스러운 일이었던 것이다. 그래서 현장은 제자들의 청을 따라 처음에는 간추려서 번역하려고 했다. 그러자 그날 밤부터 매일 위험한 곳에 오르거나, 맹수가 사람을 덮치는 등의 악몽을 꾸게 되었다. 그래서 모두 번역하는 방향으로 수정해 이를 공포하자, 이번에는 꿈에 붓다와 보살들이 나타나 미간에서 빛을 뿜어내 현장을 비추고 현장이 꽃과 등불로 공양을 올리며, 또 많은 사람들에게 설법하자 찬탄이 자자한 상서로운 징조가 나타났다. 이에 현장은 다시는 생략하려는 마음을 갖지 않고 마지막 생명을 태워 4년에 걸쳐 번역을 완성한다. 현장이 번역을 시작한 것이 660년 1월 1일, 번역을 마친 것이 663년 10월 23일이며, 입적한 것은 664년 2월 5일이니 『대반야경』이야말로 현장 최후의 완성이라고 이를 만하다.

　『대반야경』은 반야공 사상을 집대성한 경전인데, 반야공이라는 것은 이 세상의 모든 것은 시간의 흐름 속에서 변화하는 존재일 뿐이므로, 고정불변한 실체라는 것은 존재하지 않는다는 가르침을 담고 있다. 즉 이 세계는 마치 꿈과 같이 현상과 작용은 있지만 실체는 없으니, 그것을 알아서 모든 집착을 버리고 실상을 바로 보라는 것이다.

　『대반야경』이 중요한 경전이라는 것은 알지만, 600권은 신도는 그만두고라도 스님들도 감당할 수 있는 분량이 아니다. 그렇기 때문에 일본불교에서는 전독轉讀이라고 해서『대반야경』을 작은 병풍 형식으로 접을 수 있는 절첩본으로 만들어 전체를 쭉 펼쳤다가 접는 행위를 경전 전체를 읽은 것으로 여기는 문화까지 생긴다. 즉 경전을 읽으면 많은 공덕이 있다는 것은 알지만 이를 실천할 수 없는 상황에서 편법을 부리는 것이다.

　중국 선종에서는 일본불교의 전독과는 다른 해법을 제시한다. 그것은 600권 중에서 가장 핵심적인 경전을 찾아 그 권만 보는 것이다. 즉 600권을 대표할 수 있는 최고의 한 권을 뽑아서 전체를 커버하는 방식이다. 그 한 권이 바로 547권인『금강경』이다. 물론『금강경』은 600권 안에 포함되기도 하지만, 그 이전에도 독립된 경전으로 유통되고 있었다. 그도 그럴 것이『대반야경』이라는 경전이 반야사상을 다루는 모든 크고 작은 경전들을 집대성한 것이기 때문이다. 오늘날 조계종에서 소의경전으로 삼는『금강경』은 600권 『대반야경』을 대변하는 핵심 경전인 것이다.

그러나 인도불교에서는 이와는 또 다른 해법을 제시해 주목된다. 즉
『대반야경』을 압축해서 일종의 엑기스를 도출해 보자는 것이다. 마치 수학
에서 공식만 적출하는 것과 같은 관점이라고 이해하면 되겠다. 바로 이렇게
해서 탄생한 것이 260자의 『반야심경』이다. 『반야심경』은 마치 아인슈타인
의 상대성 이론을 $E=mc^2$ 같은 공식으로 간명화한 것. 이것이 바로 600권
『대반야경』을 260자로 압축한 『반야심경』인 것이다. 그러므로 『반야심경』을
읽으면 600권 『대반야경』의 공덕과 위신력을 얻을 수 있다. 바로 이 점 때문
에 한국불교에서 가장 많이 사용하고 독송하는 것이 바로 『반야심경』인 것
이다. 『반야심경』은 조석 예불과 모든 불교 의식에 빠지지 않고 등장한다.
이것은 『반야심경』이 얼마나 중요한지 단적으로 나타내 준다. 즉 우리가 흔
히 중요하다고 생각하는 『화엄경』·『법화경』·『금강경』보다 압도적으로 많이
독송하는 것이 『반야심경』인 것이다. 또 『금강경』과 『반야심경』이 상통하는
내용의 반야사상을 전지하는 경전이라는 점을 고려한다면, 반야사상의 비중
은 단연 최고라고 이를 만하다.

　　『반야심경』은 서쪽의 티베트불교에서부터 동쪽의 일본불교에 이르기
까지 북방 대승불교를 관통하는 단 하나의 키워드인 동시에 가장 많이 독송
하는 경전이다. 그렇다면 이와 같은 『반야심경』의 그랜드슬램과 같은 위업
은 어떻게 시작된 것일까? 그 핵심에 바로 『서유기』의 주인공 삼장 법사 현
장이 있다.

　　현장은 이십 대 후반에 이미 더 이상 중국에 스승이 없어서 인도로 유

중국 시안 자은사 내에 있는 대안탑.
652년 현장이 인도에서 가져온 불경 등을 보관하는
용도로 만들었다.

학을 가고자 한 천재적인 인물이다. 그러나 당시는 당나라가 건국된 지 얼마 안 됐던 때라 국가를 안정시키기 위해 국경을 봉쇄하던 상황이다. 이때 현장은 죽음을 무릅쓰고 구도의 일념 하나로 몰래 국경을 벗어나 인도로 떠난다. 인도에 이르는 실크로드에서 현장은 많은 어려움을 겪는데, 이것이 후일 『서유기』에서 요괴들의 괴롭힘으로 변모되는 사건들이다. 이 같은 상황에서 관세음보살을 독송해도 문제가 해결되지 않을 때 암송한 것이 바로 『반야심경』이다.

현장은 실크로드에 오르기 전 중국 서쪽의 촉 땅에서 창병이 있는 더러운 환자를 사찰로 데려와 돌보고 의복과 음식을 준 일이 있다. 이때 이 환자가 은혜의 보답 차원으로 전한 것이 바로 『반야심경』이다. 현장이 관세음보살을 독송해도 문제를 풀지 못했을 때 『반야심경』으로 문제를 해결하고, 또 모든 위험에서 구제된 것이 『반야심경』이었다는 『자은전』 권1의 기록은 시사하는 바가 크다.

현장은 『반야심경』을 암송한 뒤로 고창국高昌國 왕의 환대를 받는데, 이때 제자로 받은 이들이 오공悟空·오능悟能·오정悟淨·오혜悟慧로 이 중 오혜를 제외한 세 명이 바로 손오공·저팔계(오능)·사오정으로 소설화된 인물들이다. 이후로도 현장은 승승장구하여 인도에서 계일왕(하르샤왕)이 주최해 모든 종교의 지도자들이 참여한 75일간의 무차 대회에서 최고의 논사가 되는 등 많은 업적을 이룬다. 또 중국으로 돌아올 때는 황제의 환영을 받으며 장안의 황제 전용 도로인 주작대로로 들어온다. 이후 당 태종을 불교로 교화해 불교가 당나라의 국교가 될 수 있는 입지를 확보하고, 많은 경전들을 번역해서 동아시아불교의 수준을 인도에 필적할 만한 경지로까지 끌어올린다. 현장은 자신의 인생이 이렇게 된 것이 모두 『반야심경』 때문이라고 생각해서 『반야심경』을 널리 전파하려고 노력했다. 이것이 바로 오늘날 북방 대승불교권 전체에 『반야심경』이 최고의 경전으로 자리매김하는 동인이 된 것이다.

아침 공양과
운력

아침 공양의 의미

새벽 3시에 일과를 시작해 새벽 예불과 이후 기
도까지 마치면 대략 새벽 5시 30분이 된다. 예전에는 사찰의 모
든 스님들이 기도까지 함께 했지만, 지금은 기도하는 스님들만
하고 다른 분들은 이때 개인 시간을 갖는다.

사찰의 아침 공양은 보통 오전 6시에 한다. '무슨 아침을
그렇게 빨리 먹냐.'고 할지 모르지만, 생각해 보면 기상 후 세
시간 뒤에 먹는 것이니 빠른 것이 아니라 오히려 늦은 것이다.
일반 가정집에서 기상 후 얼마 뒤에 아침을 먹는지 생각해 보면
이런 역주장도 쉽게 납득이 된다.

일반적으로는 식사를 아침·점심·저녁이라고 하지만 사찰에서 사용하는 전통적인 명칭은 죽식粥食·재식齋食·약식藥食이다. 그러나 이렇게 부르면 신도들과 소통이 잘 되지 않으므로, 아침 공양과 같이 공양이라는 말을 붙이는 것이 일반적이다. 공양이란 '도와서 길러 준다.'는 의미인데 나중에 전화돼 음식이라는 의미도 가졌다. 음식을 통해 육체와 정신이 발전하는 것이니 두 가지가 서로 연결돼 통하는 것이다. 그러므로 아침 공양이라고 하면 아침 음식이라는 뜻도 되고, 동시에 아침을 먹는다는 뜻도 된다.

죽식과 죽의 점도

사찰에서 아침을 죽식이라고 하는 것은, 붓다가 승려들은 아침에 묽은 죽을 먹도록 했기 때문이다. 불교의 최초기에 승려들은 점심 한 끼만 먹었다. 그러다가 사미가 출가하면서 어린 사미들이 배고픔을 견디지 못하자, 붓다는 아주 간략한 죽으로 허기를 속이도록 조치했다. 즉 사미를 위해 만든 것이 곧 죽식인 것이다. 이런 점에서 죽식은 붓다가 성도한 뒤 약 7년 후에 만들어진 문화임을 알 수 있다. 그런데 이 죽도 맑은 물 같은 정도의 죽이다. 율장에는 '나뭇잎으로 죽의 표면을 그었을 때 흔적이 남아서는 안 된다.'는 규정이 있다. 이는 곧 되거나 진한 죽을 먹어서는 안 된다는 뜻이다. 즉 죽의 농도와 관련된 규정인 것이다.

붓다 당시의 사찰에는 정식 부엌은 없고 간이 시설인 정지간만 있었다. 이곳에서 쌀가루나 미숫가루(乾飯) 같은 것으로 간단히 묽은 죽을 만들었던 것으로 판단된다. 사찰이 마을과 가까운 경우에는 신도가 만들어 가져다주거나 직접 사찰에 와서 만들어 주기도 했을 것이다. 이 같은 전통 때문에 아침을 죽식이라고 한다. 오늘날 본사들에서는 대부분 아침으로 죽을 먹는데, 묽은 죽이 아니라 잣죽이나 깨죽처럼 진한 죽을 먹는다. 그래도 이렇게나마 붓다의 정신을 유지하려는 노력 덕분에 2,500년 불교의 생명력이 느껴지는 것 같다.

붓다 당시 죽식은 오전 7시 무렵이었을 것으로 판단된다. 인도불교의 기상이 6시이니 이 정도가 여러 조건을 고려했을 때 가장 적당하기 때문이다. 이후 오전 9시 30분에서 10시 무렵에는 탁발을 나간다. 그래야 돌아와서 손발을 씻고 음식을 정지에서 한 번 데친 후 12시 안에 공양을 마칠 수 있기 때문이다. 이렇게 보면 죽식은 아침의 공복감을 잠시 속이려는 정도로 보면 되겠다. 한국의 사찰에서처럼 3시에 기상해 11시에 점심 공양을 하는 상황과는 다른 것이다. 이런 점에서 보면 우리나라 사찰에서 스님들이 점도가 높은 죽을 먹는 것도 조금은 정상 참작의 여지가 있다고 하겠다.

운력

아침 공양이 끝나고 뒷정리까지 마치는 오전 7시부터는 운력을 시작한다. 운력運力이란 대중의 힘을 움직인다는 의미다. 예전에는 사찰에 수백 명의 스님들이 거주했기 때문에 단체로 운력을 하면 장관이 펼쳐졌다. 수백 명이 비를 들고 도량을 청소하거나 겨울에 눈을 치우는 광경을 연

운력은 사찰 대중 전원 참여가 원칙이다. 큰
사찰에서는 운력에 세 번 빠지면 대중 참회를
해야 할 정도로 운력을 중요하게 여긴다.

상해 보면 되겠다. 이래서 운력을 구름 운 자를 써서 운력雲力이라고도 하는 것이다.

사찰 운력은 목탁 소리에 맞춰 시작한다. 운력도 신호를 통해 시작하는 것이다. 이때 특별한 사유가 없는 한 스님들이 모두 나와 함께하는 것을 원칙으로 한다. 그래서 사찰에는 운력 목탁이 울리면 '죽은 송장도 벌떡 일어나서 나온다.'는 말이 있다. 사회생활을 잘 하려면 결혼 같은 경사는 빠져도 초상 같은 애사는 빠지면 안 된다는 말이 있는데, 이는 대중 생활을 하는 사찰에서도 마찬가지다. 그래서 좋은 일은 빠져도 운력은 빠져서는 안 된다는 의미로 송장도 나온다고 한 것이다.

요즘 사찰에서는 단체 운력은 매일 하지 않고 일주일에 한 번이나 안거 기간에만 한다. 최근 단체 운력은 많이 사라지고, 수박 썬 것이 남을 때 억지로라도 나눠 먹는 음식 운력 등 다소 재미있는 양상으로 남아 있다. 세월의 변화로 산사도 어찌할 수 없는 바람을 느끼는 것이다.

산사의 하루

사시 기도와
마지

사시 기도 시간과 빠른 점심

사찰의 하루 의례 중에서 가장 비중 있는 것은 새벽 예불과 사시 기도다. 사시 기도의 사시란 예전에 12지로 시간을 나누던 때의 명칭으로 지금의 9시에서 11시 사이를 뜻한다. 보통 큰 사찰에서는 오전 9시나 9시 30분에 사시 기도를 시작한다. 그러나 작은 사찰에서는 오전 10시나 10시 30분에 시작하는 경우가 많다.

사시가 중요한 것은 이때 붓다께서 공양을 드셨기 때문이다. 그래서 사시 기도를 사시 공양이나 사시 마지 또는 사시 불공이라고도 한다. 사시 공양은 사시에 하는 음식 공양이라는 의미이며, 사시 마지는 사시의 핵심으로 부처님께 올리는 마짓밥의 의미를 부각한 것이다. 그리고 사시 불공이란 사시에 부처님께 공양을 올린다는 것으로, 이는 모두 다 붓다의 음식 공양을 중심으로 한 명칭들이다.

그러면 붓다는 당시 오전 9시에서 11시 사이에 점심 공양을 드셨던 것일까? 답은 '아니다'이다. 탁발을 나가는 시간이 오전 9시에서 9시 30분 정도였을 것이며, 탁발을 돌고 돌아와서 손발을 씻고 음식을 정지에서 데쳐 준비를 마치면 대략 오전 11시 정도가 됐을 것이다. 그러면 음식을 드신다. 인도는 무더운 기후 때문에 정오가 지난 더운 때 음식을 먹는 것을 매우 천하게 보는 문화가 있다. 여기에는 신앙적인 이유도 있지만, 무더울 때 땀을 흘리며 먹는 것을 바람직하지 않게 생각하고 또 자칫 식중독에 걸릴 수도 있기 때문으로 판단된다. 어느 문화권에서나 상대가 바람직하지 않은 행동을 할 때 제재할 방법이나 구실이 마땅치 않으면 종교적 이유나 복과 관련된 말을 하는 경우가 있다. 우리가 흔히 식사 자리에서 '밥 남기면 복 달아난다.'고 하는 것처럼 말이다. 인도에서 정오 이후에 음식을 먹지 말라고 한 것도 제재를 위해 종교적 이유를 덧씌운 것으로 판단된다.

정오 이전에 음식을 먹어야 하고, 오후 9시까지 음식을 섭취하지 않는다는 점을 고려하면 점심을 빨리 먹을 수 없다. 또 당시 인도인들이 점심을 준비하는 시간도 고려해야 한다. 왜냐하면 탁발은 공양자의 준비 시간에 종속될 수밖에 없기 때문이다. 이 같은 점을 두루 고려해 보면 붓다는 오전 11시부터 점심을 먹기 시작해 11시 40분 정도에는 마친 것으로 판단된다.

이렇게 보면 사시 기도를 마치는 시간이 11시라는 것은 문제가 있다.

실제로 사시 기도 중에 붓다께 공양을 올리는 시간은 10시 30분 정도이니, 이렇게 보면 실제 붓다가 공양을 한 시간과 더 큰 차이가 발생하는 것이다. 그럼에도 사시 기도를 일찍부터 시작하는 이유는 붓다께 공양을 올리고 난 후 사찰 스님들이 점심 공양을 하는데 이를 정오 안에 마쳐야 하기 때문이다.

사시 기도의 구조와 의미

사시 기도는 한국불교의 대표적인 기도문 경전인 『천수경』으로 시작한다. 물론 굳이 『천수경』이 아니어도 큰 문제는 없다. 그 다음으로 불법승의 삼보를 청해 모시고 찬탄한 뒤 공양을 올린다. 이 공양을 마지라고 한다.

마지란 부처님께 올리는 공양밥을 의미한다. 마지는 고봉으로 담아서 올리는데, 풍요와 번영의 복덕을 상징하는 것이다. 이는 예전 제사상에서도 살펴볼 수 있는 풍속이다. 마지라는 의미는 '손으로 만져서 지은 밥'이라는 뜻이다. 요즘에는 기계가 발달해서 문제가 없지만, 불과 얼마 전만 해도 쌀에 뉘(벼 알갱이)나 돌 같은 것이 많았다. 그래서 쌀을 씻을 때 큰 것을 골라내고, 그 다음에도 조리로 쌀을 잘 떠서 밥을 지었다. 그런데도 간혹 돌이 씹혀 문제가 발생하곤 했다. 이런 일이 일반인에게 일어나면 큰 문제가 아니지만 왕에게 일어나면 엄청난 문제가 될 수 있다. 그래서 군주의 밥은 특별히 쌀을 씻기 전에 일일이 쌀알을 손으로 골랐다. 이때 깨지거나 조각 난 쌀도 모두 골라냈다. 즉 온전한 모습의 문제없는 쌀만 올린 것이다. 바로 이렇게 만

사시마지를 올리기 위해 마짓밥을 들고 이동하는 스님.
사시는 9시부터 11시를 말하고 마지는 부처님께 올리
는 공양밥을 의미한다. 사시마지는 부처님께서 정오 전
에 일식을 한데서 유래했다.

저서 지은 밥이 마짓밥이다. 바로 이 같은 정성을 성인인 부처님께도 보였기 때문에 부처님께 올리는 공양을 마지라고 하는 것이다.

부처님께 마지 공양을 올린 뒤에는, 불보살의 명호를 반복해 부르는 정근을 한다. 이때 정신을 고요히 모으고 불보살을 생각하는데, 이런 것을 바로 염불이라고 한다. 정근을 할 때 가장 일반적으로 염하는 명호는 관세음보살이다. 그러나 어떤 불보살의 명호를 염해도 무방하다. 사시 기도의 올바른 순서는 마지 다음에 정근을 하는 것이다. 그러나 일반적인 사찰에서는 이 순서를 바꿔서 정근을 먼저 하고 마지를 올린다. 이러한 오류의 시작은 예전에 밥이 완성되는 시간이 일정치 않았던 데서 유래한다. 의식을 끝낸 후에도 마지가 올라오지 않을 경우 정근을 해서 시간을 지연시킨 것이다. 즉 정식은 마지 뒤에 정근을 하는 것인데, 마지가 늦게 올라오면 마지에 앞서 정근을 했던 것이다.

마지를 올려서 공양을 드시게 한 후에는 축원을 올린다. 그러면 상단의 부처님께 올리는 공양과 기도 의식은 모두 끝난다. 사시 기도 방식은 불법승 삼보를 청해 모시고, 부처님께 공양을 올리고 정근 기도를 한 뒤 그 공덕을 축원을 통해 나누는 구조임을 알 수 있다.

다음에는 중단 퇴공이라고 해서 신중단에 부처님께 올렸던 공양물을 옮겨 놓고 신들의 가피를 기원하는 기도를 드린다. 이는 예전에 있었던 상물림으로 이해하면 되겠다. 조선 시대 양반집에서는 아버지와 아들도 겸상하지 않고 독상을 썼으며, 약간의 시간 차이를 두고 상물림을 했다. 상단 불공과 중단 퇴공 역시 이 같은 관점에서 이해하면 되겠다.

중단 퇴공까지 모두 마치면 사시 기도의 모든 의식이 마무리된다. 이후에는 상단과 중단에 올린 마지와 공양물을 공양간으로 가져가 점심 공양을 한다. 유교에서 제사를 마친 후 그 상을 물려 모두가 음복하는 것을 생각하면 되겠다.

또 조선 후기부터 사시 기도 시 반찬을 올리는 문화가 없어져서 현재는 마짓밥만 올리지만 과거에는 발우에 반찬을 담아 함께 올렸다. 이는 『삼국유사』「백율사」조의 '금과 은으로 된 그릇 다섯(金銀五器)'이라는 기록을 통해 확인할 수가 있다. 이것은 최근까지 승려들이 사용했던 발우, 즉 그릇 다섯 개가 한 벌인 발우를 의미하기 때문이다. 또 이 발우의 질료가 금은이었다는 것은 책의 전후의 내용을 함께 살펴볼 때 이것이 불전에 사용된 공양 그릇이었음을 분명히 해 준다. 그러나 조선 후기에 반찬을 함께 올리는 문화가 경제 상황 등의 이유로 단절되면서 부처님은 오늘날까지도 맨밥만 드시고 있다.

육법공양

부처님께 올리는 공양물을 흔히 육법공양, 혹은 육사공양이라고 한다. 이는 여섯 가지 공양물을 의미하는데, 각각 물(차)·향·촛불(등불)·마지(쌀)·꽃·과일이다. 과자나 사탕, 음료수 등의 공양물은 부처님께 올리지 않는다. 그러나 육법공양은 부처님께만 해당하는 것이므로 이외의 공양물을 신중단이나 감로단에 올리는 것은 무방하다.

육법공양에는 또한 각각 불교적 의미를 부여해 해탈향解脫香 · 반야등般若燈 · 만행화萬行花 · 보리과菩提果 · 감로다甘露茶 · 선열미禪悅米로 이해한다. 대규모 법회 의식에서는 날개옷이나 한복을 입고서 육법공양을 올림으로써 행사를 장엄하고 복덕을 증진하고는 한다.

점심과 재식

붓다 당시 승단은 오전에 묽은 죽을 먹고 정오 전에 점심을 먹는 것이 하루에 섭취하는 음식의 전부였다. 즉 정식의 식사는 점심 한 끼가 전부였던 것이다. 그래서 사찰에서는 지금까지도 점심의 위상이 가장 크다. 그래서 이를 특별히 재식이나 법공양이라는 말로 특화해 부른다. 재식이나 법공양이란 모두 불교 전통에 맞는 올바르고 합당한 공양이라는 의미다.

점심에는 특별히 발우공양만 하는 것이 아니라 식당작법食堂作法이라고 해서, 중간 중간에 게송을 읊으면서 공양을 한다. 이같이 장중하면서도 경건한 공양이기 때문에 이를 재식이나 법공양이라고 하는 것이다.

재식 시 발우공양은 식당작법의 순서에 따라 진행한다. 먼저 게송으로 붓다의 은혜를 기린 후 발우를 편다. 그리고 청수를 돌린 다음 밥과 국 및 반찬을 돌린 후 공양을 한다. 공양을 마친 후에는 불법승 삼보의 은혜를 상기하고, 음식의 귀함과 이를 통해 모든 이들이 깨달음을 얻기를 발원하는 것으로 마친다.

그런데 동아시아에서는 점심을 아주 소략하게 본다. 인도와 차이가 큰 부분이다. 점심은 '마음에 점을 찍는다.'는 것으로 정상적인 식사가 아니라 간식과 같은 것을 의미한다. 지금이야 인류가 세끼를 다 챙겨 먹지만 실제로 세끼를 먹기 시작한 건 불과 백 년이 되지 않는다. 과거에 동아시아인들은 점심을 건너뛰었다. 경복궁이나 창덕궁에는 관료를 위한 구내식당이 없다. 즉 조선 후기까지 고위층 양반들조차 점심을 먹지 않았던 것이다. 물론 연로하고 직급이 높은 분들은 하인이 집에서 도시락을 가져오는 경우도 있었다. 그런데 이런 불편을 감수하면서까지 구내식당을 만들지 않은 것은 당시의 문화 흐름상 점심을 먹지 않는 것이 당연했기 때문이다.

그러나 농부는 농사일이 고되다 보니 무언가 음식을 섭취하지 않을 수 없었다. 그래서 만들어진 것이 바로 '참'이다. 참이란 중간, 사이라는 뜻이다. 막걸리는 참을 겸한 술인 것이다. 즉 이 경우에도 정식은 없었다는 말이다. 동아시아에서 아침을 특히 중시하는 문화는 점심이 부실했기 때문이다.

인도에서는 점심을 가장 중요시한 반면 동아시아에서는 아예 건너뛰거나 간식 정도로 때우니, 두 지역 간의 문화 충돌은 무척이나 흥미롭다. 흔히 불교는 선주 문화를 인정하고 그것에 동화하면서 발전한다고 하지만, 점심의 예만 보면 그렇지만도 않다는 것을 알 수 있다.

산사의 하루

기도와
사분정근

불교의 기도

불교는 스스로 수행해 깨달음을 얻는 자력의 종교다. 그렇기 때문에 기도의 일차적 목적은 내적으로 정신을 통일해 마음을 수순하고자 하는 것이다. 마치 넝쿨이 전나무를 의지해 높이 올라가듯이, 불교의 모든 종교적 대상은 기준이자 의지처일 뿐 문제를 해결하는 것은 결국 자신인 것이다. 자와 컴퍼스가 세상을 바로 하는 것은 아니지만, 자와 컴퍼스에 의지해 세상을 바르게 세우는 것과 같은 이치인 것이다. 이 같은 상황을 불교에서는 보석비가 하늘을 가득 메우듯이 쏟아져 내려도, 받을 수 있는 양은 결국 그것을 담는 그릇의 크기만큼이라고 설명한다. 즉 대접은 대접만큼, 접시는 접시만큼의 한계를 갖는 것이다. 이는 보석비가 그릇을 차별하는 것이 아니라. 그릇이 스스로 거부하는 것일 뿐이다. 그러므로 기도하는 신앙인은 스스로의 그릇을 넓히고 비우는 노력을 부단히 경주해야만 한다. 물론 제아무리 그렇게 하더라도 그릇을 삐딱하게 두거나 뒤집어 놓으면 이 역시 방법이 없는 것이다.

불교의 신앙 대상

불교에는 불과 보살을 필두로 많은 신앙 대상이 존재한다. 불교에 신앙 대상이 많은 것은 신앙 대상이 아니라 신앙인에 초점이 맞춰져 있기 때문이다. 기독교나 이슬람이 유일신이라는 하나의 상품만 갖고 있다면 불교는 모든 것을 갖춘 백화점이라고 할 수 있다. 그러므로 신앙인은 자신에게 맞는 보다 다양한 대상을 경험할 수 있다.

불교에서 가장 중심적인 신앙 대상은 당연히 석가모니불이다. 석가모니불은 불교의 교조이자 모든 가르침을 전한 분으로, 불교의 다른 불보살들은 모두 석가모니불의 가르침에 의해 알려진 분들에 지나지 않는다. 그래서 석가모니불을 근본 스승인 본사本師라고 하는 것이다.

그러나 불교에는 석가모니불보다 인기가 더 많은 불보살이 있다. 대표적인 경우로 아미타불과 관세음보살을 들 수 있다. 아미타불은 가장 이상적인 세계인 극락정토의 주재자다. 이런 점에서 불교는 천당보다 극락을 더 높이 친다. 극락에 태어나는 방법은 두 가지다. 선근이 깊은 분은 순간 이동을 통해 극락에 갈 수 있다. 그러나 일반적인 사람들은 구품연지九品蓮池라는 연못의 연꽃 속에서 탄생해야 한다. 전래 동화 『심청전』에서 연꽃이 심청의 재생을 상징하는 것도 이와 관련이 있다.

관세음보살은 아미타불의 교화를 돕는 분인 동시에 자비의 보살이다. 모든 중생이 고통받고 어려움에 처한 것을 가만히 보지 못한다. 그래서 천수 천안이라는 다양한 작용력의 상징으로 모든 이들을 도와준다. 또 세파에 시달리는 많은 사람들은 자신의 의지처로 관세음보살을 찾는다. 그래서 동아시아불교에서 가장 인기가 많은 분은 석가모니불이나 아미타불이 아닌 관세음보살이다. 실제로 대웅전의 본존불로 석가모니불을 모신 경우에도 정근은 언제나 관세음보살을 하는데, 이는 관세음보살의 인기를 실감할 수 있는 대목이다.

이 외에 사후 세계와 관련된 지장보살, 학문과 지혜를 상징하는 문수보살 등을 많은 이들이 귀의처로 삼는다.

기도와 사분정근

불교 기도의 핵심은 몸과 마음을 가지런히 모아서 정근을 하는 것이다. 정근이란 불보살의 명호를 간절히 부르면서 자신의 기원을 생각하는 것으로 염불인 동시에 명상법과 통한다. 실제로 고려 말 나옹 스님은 '염불을 간절히 해서 생각이 지극해지면, 모든 감각기관에서 붓다의 빛을 발하게 된다.'고 하여 염불을 통한 선禪 수행인 선정일치의 가르침을 전했다. 불교는 신에게 구원받는 종교가 아니라 스스로 구제하는 종교이기 때문에

능엄신주 기도(봉녕사)

자신을 각성해서 붓다로 재탄생할 것을 촉구하는 것이다.

기도의 핵심은 자신을 바로 세우기 위해 정근을 하는 것인데, 정근을 부르는 말에는 두 가지가 있다. 바로 삼분정근과 사분정근이다. 여기에서 분이란 본래 시간을 나타내는 단위로, 예전에 12지를 기준으로 시간을 삼을 때는 한 시간을 일분이라고 했다. 12지를 기준으로 할 때 한 시간은 오늘로 치면 두 시간에 해당한다. 그러므로 삼분정근이란 두 시간씩 모두 세 차례 기도를 한다는 뜻이며, 사분정근은 네 차례 기도한다는 뜻이다.

삼분정근은 새벽 예불 끝과 사시 기도 그리고 저녁 예불 뒤, 이렇게 세 번의 정근을 의미한다. 사분정근은 사시 기도와 저녁 예불 사이의 시간인 오후 2시에서 4시 사이에 기도를 추가하는 것을 말한다. 사분정근을 한 사람이 하는 것은 여간 힘든 일이 아니다. 특히 정근을 할 때에는 가만히 서서 목탁을 치는데, 이때 다리와 목탁을 든 팔에 문제가 생기는 경우도 있다. 스님들 사이에서는 이를 우스갯소리로 직업병이라고도 한다. 사분정근은 한 사람이 감당하기에는 무리기 때문에 보통 두 스님이 교대로 하거나 삼분정근을 한다.

게다가 요즘 두 시간씩 기도와 정근을 하면 스님이나 신도 모두 버티지 못한다. 그래서 점차 정근 시간이 짧아지고 있으며, 기도를 포함해 한 시간 정도 하는 것으로 간략화되었다. 즉 삼분정근에 각 한 시간 정도이며, 사시 기도 때는 마지와 관련된 불공 의식을 해야 하기 때문에 정근 시간이 삼십 분 정도 더 길어지곤 한다.

저녁
예불

저녁 공양과 약식

　저녁 예불은 오후 5시 저녁 공양 이후에 시작한다. 일반적으로는 일과를 모두 끝마친 후 저녁을 먹기 때문에, 저녁 공양 역시 저녁 예불을 마친 후에 해야 하는 것이 아닌가 생각할 수도 있다. 그런데 동아시아불교 예불에는 혼정신성昏定晨省 같은 조석 문안의 의미가 내포돼 있다. 그러므로 하루 일과 중 맨 마지막에 부처님께 인사드리는 저녁 예불을 올리는 것이다. 즉 사찰에서는 저녁 예불을 마치면 공식적인 일과가 모두 다 끝난다.

　저녁 공양을 약식이라고 한다. 약식은 약과 같은 음식이라는 의미다. 아침으로 먹는 죽에는 인도불교적인 근원이 있다. 그러나 저녁은 다르다. 일찍이 붓다가 정오 이후에는 먹지 말라는 금기를 내렸기 때문에 저녁을 먹는 것은 문제가 된다. 실제로 저녁을 먹는 것은 사미(니) 십계 중 아홉 번째 불비시식不非時食, 즉 '정해진 때만 음식을 먹을 것'이라는 조항에 정면으로 위배된다. 그래서 동아시아불교에서는 저녁을 몸을 보호하기 위해 먹는 불가피한 약으로 여겨 약식이라고 한다.

율장에는 '오후에는 전혀 음식을 먹어서는 안 된다.'는 조항이 있지만 환자나 약은 예외로 둔 조항도 있다. 바로 이 조항을 이용해 저녁을 몸을 보호하는 약으로 여겨 약식이라는 이름을 붙인 것이다. 실제로 과거 중국불교에서는 저녁을 방에서 혼자 해결했다고 한다. 오늘날 한국 사찰에서도 저녁은 상대적으로 간소하다. 사실 점심을 중시하는 불교 전통의 영향으로 점심을 가장 푸짐하게 먹는 경우가 많다. 물론 초하루나 보름처럼 기도 법회를 마칠 무렵 사찰을 찾은 신도들이 많으면 풍성한 점심을 기대할 수 없다. 사찰 입장에서는 일종의 비상사태이기 때문이다. 대개 신도들은 초하루나 보름에 사찰을 찾기 때문에 넉넉하고 푸짐한 점심 공양을 경험하기 어렵다. 즉 신도 입장에서는 오는 날이 장날인 것이다. 아니 정확히 말하면 장날에만 온다고 하는 것이 맞겠다.

저녁 예불의 의미

저녁 예불은 새벽 예불에 비해 상대적으로 간소하다. 도량을 깨우는 도량석 같은 것은 당연히 해당 사항이 없다. 또 종송도 기상 이후의 시간 안배와 관련이 있으므로 저녁에는 필연성이 없다. 그러므로 삼 분 내외로 아주 짧게 끝난다.

본사 저녁 예불의 꽃은 아무래도 불전사물이며 그중에서도 법고다. 아침 예불 때는 불전사물을 봐 주는 사람이 없다. 그러나 본사 저녁 예불 때는 사찰을 찾는 관광객이 많다. 특히 불전사물은 높은 누각에서 치기 때문에 사람들이 우러러 보는 모습에 절로 어깨가 으쓱해지곤 한다.

네 가지 사물 중 핵심은 단연 법고다. 목어나 운판, 범종은 치는 방식이 단순하기 때문에 사람들의 시선을 오래 잡아 둘 수 없다. 그러나 법고는 스님이 장삼을 펄럭이며 치는 모습이 소리와 더불어 장관을 연출한다. 또 요즘은 관광객들도 자유로운 분들이 많기 때문에, 그 모습을 경건하게 서서 보는 것이 아니라 사진도 찍고 박수도 치면서 함께 즐거워한다. 그래서 사람이 많은 철에는 법고를 두고 스님들 사이에 눈에 보이지 않는 알력이 생기기도 한다. 그러다 보니 법고를 치는 스님의 어깨에 힘이 너무 들어가서 북채를 놓치거나 하는 웃지 못할 일이 발생하기도 한다. 출가한 지 오래된 스님들이야 이런 사소한 일상에 일희일비하지 않지만 출가한 지 얼마 되지 않은 스님들에게 법고는 상당한 기쁨을 준다. 불전사물은 위치가 낮은 스님들의 소임이기 때문에 이런 일들이 발생하는 것이다.

그러나 장마철이 되면 법고의 인기가 떨어진다. 북 가죽이 습기를 머금어서 북채로 치면 탄력 있게 튕겨져 나오지 않고 오히려 북채를 빨아들이기 때문이다. 소리 역시 경쾌한 소리가 아니라 축축한 소리가 난다. 이렇게 되면 치는 사람은 힘을 곱절로 들이면서도 모양은 완전히 빠지는 상황이 된다.

장마가 끝나면 북 가죽이 마르면서 뒤틀림이 발생할 수 있다. 이때 강하게 북을 치면 찢어지기도 한다. 이 같은 일을 막기 위해 북 가죽에 막걸리를 부어서 얇게 펴 바른다. 이를 '막걸리를 먹인다.'고 한다.

저녁 예불과 새벽 예불의 가장 큰 차이는 예불 순서다. 새벽 예불은 주 불전인 대웅전에서 합동 예불을 올린 뒤 작은 전각에서 진행한다. 반면 저녁 때는 불전사물을 울릴 때 작은 전각에서부터 예불을 시작한다. 그리고 맨 마지막으로 대웅전에 모여 합동 예불을 올린다. 저녁 예불은 새벽 예불과 전체적으로 비슷하다. 다만 『행선축원』이나 『이산혜연선사발원문』이 빠지기 때문에 더 간소하다고 할 수 있다. 또 저녁 예불 때는 물을 올리지 않기 때문에 칠정례에 앞서 하는 다게를 할 수 없고 무조건 오분향을 하게 된다. 이후 상단에 칠정례를 올리는 것과 중단인 신중단에 『반야심경』을 독송하며, 끝으로 하단인 감로단에 『무상계』를 읊는 것은 동일하다.

저녁 공양을 오후 5시에 시작하기 때문에 저녁 예불은 오후 6시에 한다. 그러나 산사도 요즘 들어 오후 6시에 일과를 마무리하는 경우가 별로 없다. 또 새벽 예불에 불참하면 게으르다는 무언의 평가를 듣지만 저녁 예불에 불참하는 것에는 이러한 인식이 없다. 그러다 보니 저녁 예불 출석률이 상대적으로 저조하다.

철야 기도와
납팔죽

철야 기도

사찰의 공식적인 모든 일과는 저녁 예불을 마지막으로 끝난다. 그러나 때로는 철야 기도를 할 때도 있다. 철야 기도는 정초 혹은 12월 31일에 새해맞이와 함께 하기도 한다. 새해맞이 철야는 민간 풍습에서 유래한 것으로 '섣달그믐에 잠을 자면 눈썹이 센다.'고 하는 수세守歲와 관련된 것이다. 수세란 가는 해를 지킨다는 의미로 잠을 자면 눈썹이 세는 것은 일년을 지키지 못하고 나이를 먹는다는 것을 의미한다. 요즘에야 새해맞이를 음력을 기준으로 하지 않지만 묵은해를 잘 보내고 새해를 올바로 맞이하려는 송구영신 정신은 그대로 유지된다고 하겠다.

불교에서도 이 같은 전통을 받아들여 새해맞이 대정진을 하며 절을 올리고 기도를 하다가 자정이 되면 새해를 맞는 타종식을 진행하곤 한다. 타종을 통해 새해의 처음을 깨우는 것은 보신각 행사와 같은 의미라고 하겠다. 사찰에서는 이후 철야 정진을 계속하다가 동틀 때에 맞춰 산 위로 올라가 떠오르는 해와 함께 한 해의 소망을 기원한다.

또 도교 및 무속과 관련된 풍습으로 육십갑자 중 경신일에 해당하는 날에 날을 새는 것도 있다. 이날 잠을 자면 집안을 대표하는 부뚜막신인 조왕신이 옥황상제에게 가서 집안사람의 잘잘못을 고한다고 한다. 그래서 조왕신이 떠나지 못하도록 철야를 하면서 지키는 것이다. 이렇게 하면 모든 삿되고 나쁜 일을 당하지 않는다고 한다.

우리나라 전통에 집안에서는 조왕신이 으뜸이고 밖에서는 산신이 최고라는 인식이 있다. 이 같은 관점은 불교에도 영향을 미쳐 '내호조왕內護竈王 외호산신外護山神', 즉 안에서는 조왕신이 보호하고 밖에서는 산신이 호지해 달라는 것'이 있다. 그러나 불교에는 경신일에 날을 새는 풍속은 수용하지 않는다.

사찰의 철야 기도로 가장 중요한 때는 음력 12월 8일 성도절이다. 이때는 붓다가 부다가야의 보리수 아래에서 깨달음을 증득한 날이다. 붓다는 12월 8일 새벽에 개명성으로 부르기도 하는 금성이 비칠 때 깨달음을 얻었다고 한다. 금성은 우리가 육안으로 볼 수 있는 가장 밝은 별이다. 그러므로 금성을 전통적으로는 태백금성이라고 했다. 여기에서 태백이란 가장 밝다는 의미다. 그러나 기울기, 즉 궤도이심률이 커서 새벽과 해질녘 밖에는 보이지 않는다.

붓다가 금성이 뜰 무렵에 깨달음을 얻었다는 것은 철야 정진 후 정각을 성취했다는 것을 의미한다. 그러므로 이를 기념해 사찰에서는 성도절 철야 기도를 올린다. 지금은 이 행사가 사찰에서만 진행되지만 불교가 국교였던 고려 때까지만 해도 성도절은 대보름이나 연등회, 초파일과 더불어 국가적인 문화 축제였다. 불교도들에게 어찌 붓다의 깨달은 날이 예사일 수 있겠는가? 그러므로 거룩한 마음으로 날을 새워 정진하며 붓다를 닮아가려는 마음을 내는 것은 삶의 중요한 준칙이 되기에 충분하다고 하겠다.

납팔죽

성도절 철야 정진 때에는 특별히 간식으로 죽을 먹는데, 이 죽을 납팔죽이라고 한다. 납팔죽이란 납월 8일에 먹는 죽이라는 의미다. 예전에는 11월에는 동지가 있다고 해서 동지달이라 하고 12월은 섣달이라고 했다. 겨울의 긴 밤을 동지섣달 긴긴밤이라고 하는 것은 이것을 말하는 것이다. 그런데 섣달이 한문으로 납월이다. 예전에는 겨울에 눈이 내리면 사냥을 했다. 아무래도 눈이 오면 산짐승들은 상대적으로 배를 주리게 돼 마을 가까이 접근한다. 눈이 내린 탓에 발자국이 찍히는 건 물론 몸을 숨기기도 어렵다. 그래서 한겨울을 사냥의 최적기로 여기는 것이다. 이러한 연유로 12월을 사냥을 뜻하는 '납' 자를 써서 납월이라고 했다. 섣달그믐은 한자로는 납미臘尾라고 한다. 이는 납월의 끝이라는 뜻이다.

팥죽을 만들고 있는 모습(진관사)

성도절 밤에 먹는 팥죽을 납월 8일에 먹는 죽이라고 해서 납팔죽이라고 한다. 붓다의 전기에 따르면 붓다는 깨달음을 얻기 전에 수자타라는 목장주의 딸이 올린 우유죽을 드시고 기력을 회복하신 후 성도하셨다고 한다. 여기에 근거해서 성도절 철야에 납팔죽을 먹는 풍습이 생긴 것이다.

여기에서의 우유죽이란 본래는 유미죽乳米粥으로 우유에 쌀을 넣고 끓인 것이다. 이는 붓다 당시 인도에 널리 퍼진 유목 문화의 영향이다. 그러나 농경 문화인 동아시아에서는 예부터 우유죽을 먹지 않았다. 그래서 대신 밤·대추·은행·잣·팥·땅콩·복숭아 등을 넣은 최고의 죽을 끓여 이를 대신했다. 이 죽을 최고의 죽이라는 의미에서 칠보죽이라고 하며, 또 다섯 가지 맛을 갖춘 최상의 음식이라는 뜻에서 오미죽이라고도 한다. 그리고 붓다와 관련된 불교 죽이라고 해서 불죽이라고도 했다.

납팔죽은 철야한 사람만 먹는 게 아니었다. 동짓날 팥죽을 나눠 먹는 것처럼 사찰 밖의 모든 사람과 나눠 먹었다. 과거에 성도절은 단순한 종교 행사를 넘어선 축제였기 때문이다. 지금도 중국불교에는 성도절의 전통이 고스란히 남아 있다.

용맹정진과 가행정진

성도재일 철야 기도는 모든 이들과 함께하는 축제 같은 철야다. 사실 스님들은 성도재일 주간 내내 투쟁적인 철야 수행을 한다. 예전부터 선종에서는 12월 1일부터 성도재일인 12월 8일까지는 특별 정진을 하는 전통이 있었다. 그런데 하루가 아닌 무려 일주일을 불면불휴不眠不休, 즉 철야 정진을 한다는 점이 매우 놀랍다.

이것을 붓다를 생각하며 용맹하게 정진한다고 하여 용맹정진勇猛精進이라고 하며, 또 추가로 정진한다고 해서 가행정진加行精進이라고도 한다. 오늘날까지도 선원이나 승가대학에서는 이 같은 전통을 유지한다. 주지하다시피 수면욕은 식욕보다 강하다. 인간이 음식을 먹지 않고는 사십 일을 살 수 있지만 잠을 자지 않으면 열흘밖에 견디지 못한다고 한다. 이런 점에서 본다면 붓다의 깨달음을 닮으려는 한국불교의 위대한 노력이 지금도 계속되고 있다는 것을 알 수 있다.

이 외에도 각 사찰에서는 철야 삼천배 정진 기도를 만들어 공덕을 증장하고 자신과 이웃을 관조하는 붓다의 바른 눈을 갖추기 위해 노력한다. 철야

기도란 체력이 많이 소모된다는 점에서 분명 쉬운 일이 아니다. 그러나 바로 그렇기 때문에 인생에서 이것이 또 다른 이정표가 될 수 있는 것이 아닌가 한다.

붓다 당시에도 철야의 전통은 있었다. 보름과 그믐에 열리는 불교의식인 포살이 실제로는 14일~15일과 29일~30일에 걸쳐 진행된 밤의 종교 행사였기 때문이다. 이렇게 말하면 좀 의아해할 수도 있지만, 인도는 무덥기 때문에 낮에는 종교 행사를 할 수가 없다. 그래서 그나마 선선한 밤에 행사를 진행하는 문화가 생긴 것이다. 이런 점에서 우리는 불교의 철야 전통을 붓다 당시로까지 소급해 볼 수도 있다. 그러나 그 치열한 구도의 열정과 기도 수행은 붓다 당시의 인도인들도 한국불교의 철야 기도를 따라올 수 없을 것이다. 밤 문화가 없던 우리 전통사회에서 철야란 붓다에게 다가가려는 가장 훌륭한 노력이며, 이는 멀리 있는 붓다가 아닌 오늘의 붓다를 만들어 가는 진정한 한국불교의 원동력이라 하겠다.

취침

너무 이른 밤

사찰의 취침 시간은 저녁 9시다. 이때는 아침 기상의 도량석처럼 잠든 세상을 깨워야 할 필요가 없다. 그러므로 소종을 다섯 번 치는 것으로 시간이 끝났음을 고지해 준다. 원칙적으로 이 이후에는 필요한 외등 이외에는 전부 소등하며, 다른 사람들에게 방해될 수 있는 어떤 일도 해서는 안 된다. 물론 개인 방에서 다른 이들에게 피해가 가지 않는 불을 켜는 것은 문제되지 않는다. 요즘 세상에 '누가 저녁 9시에 자느냐'고 할 수도 있지만, 새벽 3시에 일어나고 낮에 낮잠이나 휴식을 취하는 상황이 아니면 잠이 오게 마련이다. 그러므로 대중을 수고롭게 하는 일을 해서는 안 되는 것이다.

지금은 사라진 지 오래지만 어린 시절 텔레비전에서 저녁 9시가 되면 어린이들이 잠자리에 들도록 종용하는 안내 방송이 나오곤 했다. 또 군대에서도 9시 취침을 경험했다. 그러나 오늘날 이러한 텔레비전의 외침은 현실과 불일치하는 과거의 유산이 된 지 오래다. 또 요즘은 군대 역시 밤 10시에 취침하는 것으로 바뀌었으니, 우리나라에서 가장 일찍 잠드는 곳이 사찰이라 해도 과언이 아닐 것이다.

그러나 사회가 발달할수록 밤 시간의 효율성이 증대되면서 밤 문화가 발전하게 된다. 이는 전 세계 밤 지도의 밝기가 곧 선진화 정도와 비례하는 것을 통해서도 알 수 있다. 이런 점에서 한국불교의 시계는 변화라는 거대한 흐름에 직면해 있다.

밤에 마음을 가다듬고 잠드는 것은 인간의 동물적 생체 주기와도 일치하는 매우 바람직한 것이다. 그러나 현대는 이것을 거스르고 있고, 또 종교는 언제나 사회에 열려 있어야 한다는 점에서 문제의 논점은 현재형으로 존재하지 않을 수 없다.

사찰 시계는 농경 문화의 유산

종교학에서는 한 종교가 사라지는 기간을 그 종교가 몰락한 후 백 년으로 본다. 한국의 유교는 조선 왕조 오백 년의 정치와 경제 및 문화를 장악한 주류의 절대적인 이데올로기였다. 그러나 이러한 유교 역시 변화라는 세계사적 흐름에 능동적으로 대처하지 못했기에 삽시간에 몰락의 길을 걷게 된다. 이제 구한말 유교가 외세에 의해 몰락한 후 백여 년이 지났다. 유교는 한국 사회에서 일부의 문화 배경으로만 존재할 뿐, 종교로서의 기능이나 역할은 전혀 하지 못하고 있다. 이것은 종교 인구 조사에서 유교가 이슬람보다도 낮게 나오는 것을 통해 분명해진다.

유교가 사라진 이 시점에 우리의 전통문화를 담지한 살아 있는 가치는 이제 불교뿐이다. 그러나 불교는 전통이라는 굴레에 갇혀 현대의 빠른 변화에 능동적으로 대처하지 못하는 문제를 안고 있다.

사찰의 하루는 과거 농경 사회의 유산을 잘 간직하고 있다. 이는 이른 기상과 취침 및 노동 집약적 운영 구조 그리고 잘게 쪼갠 일과를 통해 확인할 수 있다. 사찰에서 일과를 세분화한 것은 특정한 일에 집중할 수 없도록 하기 위해서다. 기상과 취침은 더 말할 것이 없고, 노동 집약적 운영 구조 역시 과거의 생활문화와 관련이 있다. 불교는 근래에 들어온 가톨릭이나 개신교에 비해, 비슷한 규모의 종교 시설을 운영한다고 했을 때 성직자 수를 훨씬 많이 필요로 한다. 이는 대규모 집단생활을 하던 과거의 유산이 남아 있기 때문이다. 즉 과거에는 인력이 넘쳐 났기 때문에 최대한 사람들이 많이 참여하는 운영 구조가 형성된 것이다. 그러나 이는 출가 인구가 감소하고 실용과 실질을 추구하는 현대의 생활 방식에는 적합하지 않다. 과거 수백 명씩 거주하던 사찰에 이제는 고작 열 명에서 스무 명이 상주할 뿐이다. 이 같은 상황은 앞으로 더욱더 심해질 것이다. 그러므로 운영 구조의 전반을 개혁하지 않으면 과거의 유산에 갇혀 심각한 위기에 봉착할 수 있다.

사찰에서 일과를 잘게 쪼갰다는 것은 사찰에서는 특정한 일을 하기 어렵도록 일과가 프로그램화되었다는 것을 의미한다. 예전에는 책도 귀하고 교육 여건도 열악한 탓에 문맹률이 높았다. 물론 사찰에 책이 있었지만 그 가치가 매우 높았기 때문에 아무나 볼 수 없었다. 이러한 사정 때문에 집중적으로 학문을 연구하는 프로그램보다는 기도와 암송·참선 같은 수행이 곧 생활이 되는 문화가 만들어진 것이다. 즉 사찰에서는 새벽 예불·사시 기도·저녁 예불, 이 세 번의 기도와 세 번의 공양만 챙겨도 하루가 훌쩍 가는 생활이 계속된 것이다. 그러나 집중과 선택에 따라 고도의 시간 관리가 필요한 현대 사회에서는 이 같은 생활 방식이 불교의 발전을 저해할 수 있다는 문제가 존재한다. 즉 과거의 농경 문화를 바탕으로 한 전통 유산들이 오늘날에는 사찰의 발목을 잡고 있는 것이다. 그러므로 현대의 산사는 전통은 계승하되 비효율적인 유산의 사슬은 끊을 수 있는 새로운 방안을 요청받고 있다.

변해야 하는 사찰의 시간표

사회가 발전한다는 것은 인간 노동의 효율성과 시간이 증대됨을 의미한다. 선진국화될수록 표면적 노동 시간은 줄지만, 외벌이에서 맞벌이로 전환해야 한다는 점을 고려하면 오히려 전체 노동 시간은 늘어나게 된다.

맞벌이 문화는 자연스럽게 낮 시간의 소비를 위축하는 동시에 밤 시간의 활성화를 초래한다. 이런 점에서 사찰은 이제 포교를 위해서도 저녁 시간을 포기할 수 없다. 그런데 도심 사찰의 경우 오후 6시에 저녁 예불을 올리고 9시에 취침하는 구조로는 큰 발전을 도모하기 어렵다. 실제로 도심 사찰

들은 저녁 시간을 활용해 종교 행사를 하는데, 문제는 저녁 행사를 담당하는 스님들 수와 새벽 예불에 나오지 못하는 스님들 수가 비례한다는 것이다. 즉 저녁 시간을 늘리면 새벽 시간을 포기해야 하는 상황이 연출되는 것이다.

산사는 상대적으로 이 문제에 대해 자유롭다. 도시인들이 산사를 찾는 것은 저녁이 아니라 휴일이기 때문이다. 그러나 모처럼 템플스테이나 수련회에 참여한 현대인들은 산사의 저녁 9시 취침과 새벽 3시 기상으로 인해 마치 유럽에 간 것 같은 극심한 시차를 경험하게 된다. 또 이러한 시차에 적응할 만하면 다시 도시로 돌아가야 하는 상황이 발생한다. 즉 양쪽의 시차 적응 문제 때문에 결국 사찰은 힐링 공간이 아니라 피로를 누적하는 장소가 될 뿐이다. 이런 점에서 사찰의 운영 시간은 전면적으로 재조정돼야 할 필요가 있다. 이것은 불교의 발전과 미래를 위한 선택이 아닌 필수다. 전통은 계승해야 하지만 필요하다면 변화를 통한 유지도 모색해야 한다.

우리나라 스님들이 승복 위에 가사를 착용한 모습은 인도 승려들이 가사만 착용하던 모습과는 다르다. 이것은 전통을 계승하면서 필요를 수용한 선택이었다. 이는 네 개가 한 벌인 발우와 한옥이라는, 인도에는 존재하지 않는 우리의 건축 방식을 통한 사찰 건축에서도 살펴볼 수 있는 측면이다. 과거에 불교의 전통을 계승하는 동시에 배경 문화와 시대적 요청을 수용한 예들처럼, 시간과 관련한 운영 방식 역시 조속한 변화가 요청되는 것이다.

사찰의
주요 행사

불교의 5대 명절

　　우리나라의 4대 명절은 설·추석·단오·한식이다. 설과 추석은
각각 새해의 시작과 외국의 추수 감사절에 해당한다. 단오는 올바른 남쪽이
라는 뜻이다. 단오의 '오午'는 예전의 12지를 기준으로 할 때는 정남이 된다.
또 '단端'이란 올바르다는 의미다. 이를 결합하면 남방의 양기가 가장 충만한
한가운데를 뜻하는 것이 된다. 그래서 단오를 단양端陽이라고도 하며, 5월 5
일로 5가 겹친다고 해서 중오절重五節이라고도 한다. 또 남쪽의 중앙에 위치
하므로 하늘의 중간이라는 의미로 천중절天中節이라고도 부른다. 과거 농경
문화에서 해가 중천에 이르는 정남은 풍요를 상징했다. 또 남향의 밝음은 모
든 어두움과 삿됨을 물리치는 의미로 받아들여져 군주가 받들어야 하는 최

봉축법요식(조계사)

고의 덕목으로 인식되었다. 그래서 군인남면지술君人南面之術이라고 해서, 군주는 남향을 하고 앉아서 양명한 기운을 받아서 정치를 해야 한다는 것이 있다. 이로 인해 동아시아의 모든 왕궁에서 정사를 보는 대전은 남향으로 되어 있다. 이것은 우리가 오늘날까지 남향집을 선호하는 문화로까지 남아 있다.

　끝으로 한식은 중국 춘추 시대의 진나라 문공의 신하인 개자추와 관련된 이야기가 전해지는 명절이다. 그러나 이보다는 묵은 불을 정리하고 새 불을 얻는 불의 명절이라고 이해하는 것이 더 정확하다. 즉 불의 명절에 개자추의 의로운 충성과 효도의 죽음이 덧붙여진 것이라고 생각하면 되겠다.

　　지금은 명절하면 민족 전통과 관련된 가장 중요한 날 정도로 이해된다. 그래서 전통 명절이라는 말이 있는 것이다. 그러나 과거에는 군주나 성인과 관련된 날도 명절의 범위에 포함되었다. 오늘날 북한에서 김일성의 생일을 태양절이라고 하는 것이나 크리스마스를 성탄절이라고 하는 것 역시 이 같은 전통에 따른 것이다.

　　불교에는 붓다의 일생에서 가장 중요한 날인 출가절·열반절·석탄절·성도절을 4대 명절로 꼽는다. 여기에 동아시아의 조상 숭배와 결합돼 큰 영향력을 확보한 우란분절을 추가해 이를 5대 명절이라고 한다.

　　붓다의 생애와 관련된 4대 명절은 각각 2월 8일 출가일과 2월 15일 열반일 그리고 4월 8일 탄신일과 12월 8일의 성도일을 의미한다. 붓다는 4월 8일에 가비라국의 왕자로 탄생하시어 태자로 장성하시다가 스물아홉 살이 되던 2월 15일 왕궁의 동쪽 문으로 출가하신다. 그리고 서른다섯 살이 되는 12월 8일 부다가야의 보리수 아래서 동쪽을 향해 샛별이 뜰 때 깨달음을 얻는다. 이후 45년간 전 인도를 맨발로 다니시며 가르침을 펴시다가, 여든 살이 되는 12월 8일 쿠시나가르의 두 그루 사라수 사이에서 서쪽을 보시며 열반에 잠기신다.

　　불교의 교조인 붓다는 완성자인 이상理想 인격이자 모든 승려들의 의지처가 된다. 이후 불교가 점차 종교화되면서 붓다에 대한 숭배가 일어나 붓다 생애에서 가장 중요한 탄생→출가→성도→열반을 명절로 인식하기에 이른다. 하필 이 네 날을 명절로 꼽은 이유는 '붓다의 시작을 어디로 보느냐' 하는 인식과 관련된다. 첫째, 탄생을 중심으로 보는 그룹은 탄생이 인생의 시작이니 붓다 역시 여기에서 시작된다고 본다. 이 같은 판단은 『불본행집경』이나 『불소행찬』 등의 불전류 경전들을 통해 확인할 수 있다. 둘째, 출가를 중심으로 이해하는 그룹은 탄생 시 붓다는 한 사람의 인간일 뿐이며, 수행자로 거듭나야 진정한 붓다의 첫걸음을 내디딘 것으로 이해한다. 이것이 붓다의 시작을 출가를 중심으로 파악하는 기반이 된다. 그러나 이 출가 그룹은 다른 세 그룹에 비해 설득력이 떨어져 지지자가 적었던 것으로 판단된다. 셋째, 성도 중심주의자들은 깨우침을 얻어 붓다가 된 것이니 성도야말로 진정한 붓다의 시작이라고 이해한다. 이 같은 인식은 『사분율』이나 『오분율』 같은 율장의 붓다 이해를 통해 확인할 수 있다. 넷째, 열반을 중심으로 붓다를 이해하는 그룹은 열반이야말로 진정한 완성의 시작이라고 판단한다. 이러한 관점은 『장아함경』의 「유행경」이나 『대반열반경』과 같은 열반 문헌을 통해 확인할 수 있다.

불교의 다섯 번째 명절인 우란분절은 다른 명절이 붓다의 주요 생애를 기념하는 것과는 관점이나 배경이 다르다. 우란분절은 7월 15일로 이때를 백중百中이나 백종이라고도 한다. 백중은 일 년의 중간이라는 의미다. 백종 百種에는 모든 과일과 곡식이 무르익어 백 가지(여기에서는 '많음'을 의미)나 된다는 데에서 유래된 말이다. 우리나라보다 위도가 낮은 인도나 중국 일부 지역에서는 실제로 그렇다.

사찰의 백중 풍경.
백중에는 조상 천도를 위해 영가등(하얀색)을 단다.

우란분이란 거꾸로 매달려 있다는 의미로 삶에서 악한 행위를 한 사람
들이 죽어서 지옥에 매달려 있는 것을 의미한다. 즉 이때에 맞춰 조상을 천
도하면 조상의 영혼이 나쁜 것을 여의고 천상에 태어난다고 여기는 것이다.
7월 15일은 우리와 기후대가 다른 남쪽의 추석 정도로 이해하면 되겠다. 우
리의 한가위도 햇곡식을 추수해 조상님께 차례를 지내는 명절임을 생각하면

되겠다.

그러나 8월 15일에 조상님께 차례를 올린다고 해서 조상이 천도되는 것은 아니다. 7월 15일은 8월 15일과는 다른, 불교와 관련된 특별한 종교적 의미가 있기 때문이다. 7월 15일은 인도불교에서 하안거가 끝나는 날이다. 즉 안거라는 석 달간의 집중 수행이 마무리되는 때로, 이때 깨달은 스님들이 많이 나오기 때문에 그 스님들에게 공양을 올려 그 공덕을 회향하면 그 공덕으로 천도가 되는 것이다. 또 한식에 개자추의 충효에 관한 비극적인 이야기가 깃들어 있어 사람들에게 이날이 더욱 강력하게 각인되듯이, 우란분절에도 효행과 관련된 감동적인 이야기가 전해진다. 바로 붓다의 제자 중 신통제일 제자인 목건련이 지옥에 떨어진 어머니를 구원하는 효행이다. 이 역시 우란분절이 독립된 명절로까지 확대되는 데 중요한 역할을 했다.

동아시아의 전통과 관련해 가장 큰 특징은 조상 숭배, 즉 맨man이즘이다. 그런데 이 제사 문화는 남성을 중심으로 장자에 의한 직계로만 전해지게 돼 있다. 그러다 보니 외가나 여성 그리고 후사가 없이 일찍 죽은 사람들은 자연 제사에서 소외될 수밖에 없다. 불교의 우란분절은 천도라는 의미를 통해 대상의 외연을 관련자 모두로 확대했다. 요즘으로 말하면 유교의 제사 문화로 소외된 이들을 위한 틈새시장 공략이라고 하겠다. 사람이 살다 보면 직계 조상도 중요하지만 외할머니나 삼촌, 이모와 같은 방계 조상도 중요한 경우가 있다. 즉 혈통의 문제도 있지만 친분의 가치도 중요하다는 말이다. 여기에 친구나 동생 또는 스승이나 사촌도 있을 수 있다. 그러나 남성 중심으로, 게다가 직계로만 구성되는 유교의 제사 문화에는 이들이 존재할 위치나 공간이 전혀 없다. 즉 인간의 보편적 정서에 따라 소중한 분을 위한 제사의 수요와 요청이 존재했지만 유교는 이 문제를 해결할 수 없었는데, 불교가 이를 재와 천도라는 문화로 수용한 것이다. 즉 불교와 동아시아의 조상 숭배 문화가 적절히 결합돼 거대한 문화가 되면서 명절로까지 확대된 것이 바로 우란분절인 것이다.

5대 명절 외의 기념일

5대 명절은 불교의 일 년 행사 중에서 가장 중요한 날들이다. 그러나 5대 명절보다는 위계가 낮지만 의미 있는 기념일들이 더 있다. 마치 설·추석·단오·한식 등 4대 명절 이외에도 정월대보름이나 동지 또는 유두 등의 준명절이 존재하는 것처럼 말이다.

불교의 준명절들은 동아시아 전통의 준명절들이 불교와 습합된 것들이다. 이는 불교가 토착 문화를 배척하지 않고 융합했기 때문에 발생한 결과다. 이 중 중요한 것을 제시해 보면 정초 기도라고 해서 설에서 정월대보름에 이르는 기간과 입춘 그리고 칠석과 동지를 들 수가 있다. 먼저 정초 보름 동안은 새로운 한 해의 시작을 기리며 몸과 마음을 재계해서 첫 단추를 바로 꿰는 것과 같은 정성스러운 기도를 올린다. 이를 정초 기도라고 하는데, 흔히 한 해의 모든 안 좋은 일은 정초에 물리친다(度厄)는 개념이 있다. 마치 싹 트는 나무는 처음 자랄 때가 가장 중요한 것을 생각하면 되겠다. 또 정초 기도 기간 중에는 주체적으로 선행을 증장하기 위해 하루를 빼서 명찰 순례와 방생을 간다. 유서 깊은 사찰에 가서 좋은 기운을 받아 복은 증장하고 삿된 것을 물리치며, 이와 더불어 죽어 가는 생명을 방생함으로써 복을 기르고 선을 적극적으로 실천하는 것이다. 지금은 사라지다시피 했지만, 한 세대 전만 해도 정초에는 대문에 복조리를 걸어 놓는 문화가 있었다. 이는 한 해의 첫 시작에 재앙은 걸러 내고 복만 건져 올리겠다는 의미다. 이 같은 의미가 정초에 하는 명찰 순례에 내포된 것이다.

정초 기도는 정월대보름까지 하는데, 보통 이 기간 안에 입춘이 든다. 입춘은 양력이기 때문에 날짜가 항상 같다. 보통 2월 3일 혹은 4일이 입춘이 된다. 이때 '입춘대길 건양다경立春大吉 建陽多慶'이라는 입춘첩을 대문에 붙이고 봄의 양명한 기운을 받아들여 한 해 농사가 잘되기를 기원한다. 사찰에서는 입춘을 맞아 입춘첩을 주고, 이때 들어오는 양명한 기운을 통해 삼재풀이 기도를 한다. 삼재란 각 띠에 따라 그 사람의 기운이 허약한 때의 3년을 말한다. 질병으로 비유하면 면역력이 특히 약해지는 때를 의미한다고 하겠다. 삼재란 인도의 우주론에서 기원하는 것으로 불교를 타고 동아시아로 유입된 문화다. 사찰에서는 양기가 충만한 입춘에 삼재 기도를 올려서 삼재를 물리치는데, 이렇게 보면 삼재 문화를 들여온 것도 불교이며, 물리칠 수 있는 것도 불교가 되는 셈이다.

다음으로 칠석은 흔히 견우와 직녀가 만나는 날로 알고 있지만, 본래는 북두칠성과 관련된 명절이다. 북두칠성은 북반구에서 북극성을 중심으로 방위를 찾는 핵심이 되는 별이다. 그렇기 때문에 원시 시대부터 신앙의 대상이 되어 왔다. 이는 암각화 등에 새겨진 윷판을 통해서도 알 수 있다. 지금은 윷판을 놀이로만 알고 있는데, 사실 윷판은 중앙의 북극성을 중심으로 하는 사계절 동안 북두칠성의 운행을 표시해 놓은 가장 오래된 천문도다. 즉 이 천문도가 고대 유목 사회에서는 너무나도 중요했기 때문에 이를 놀이화해 가르쳤던 것이다. 조선 시대에 관직의 서열을 가르치기 위해 승경도 놀이를 했던 것과 유사하다고 생각하면 되겠다.

북두칠성 존중은 결국 신앙으로 거듭나기에 이른다. 이로 인해 북두칠성은 인간의 길흉화복을 주관하는 존재이자 죽음의 신이라는 역할을 부여받는다. 칠석 역시 이와 같은 북두칠성의 신앙에 견우와 직녀라는 이야기가 입혀진 것이다. 감동적인 이야기가 가미되면 한식·우란분절에서와 같이 보다 강력한 생명력을 갖게 된다. 스토리텔링의 힘이라고 하겠다.

칠석에 사찰에서는 삼성각이나 북두각에서 실타래를 올려놓고 장수를 기원한다. 그러나 최근에는 우란분절의 종교 의식이 확대되면서 인접한 칠석은 거의 사라지다시피한 상태다.

끝으로 동지는 일 년 중 마지막에 오는 큰 명절이다. 동지는 태양과 관련되므로 12월 22일 또는 23일의 양일 중에 든다. 태양이 부활한다는 의미 때문에 전 세계적으로 가장 보편적인 고대 명절 중 하나였다. 크리스마스 역시 예수의 탄생일을 알 수 없는 가운데, 기독교를 공인한 황제인 콘스탄티누스가 326년 로마의 동지에 해당하는 12월 25일로 정한 것에 불과하다. 그럼에도 오늘날 크리스마스의 기적을 말하는 것을 보면 무척이나 흥미롭다.

동지는 중국의 고대 왕조이자 공자가 가장 이상으로 여긴 주나라 때는 설날이었다. 요즘은 1월을 당연히 한 해의 시작으로 생각하지만, 과거에는 왕조마다 한 해를 시작하는 달이 달랐다. 이 기준 달을 정월正月이라고 한다. 그러나 현재는 1월이 곧 정월이어서 정월의 의미가 묻혀 있는 것이다. 주나라의 정월은 11월이었고 설날이 동지였다. 그렇기 때문에 동지를 아세亞歲, 즉 작은 설날이라고 하고 팥죽을 먹으면 한 살 더 먹는다는 말이 전해지는 것이다. 동지가 예전에는 설날이었기 때문에 『동국세시기』 등에서 확인되는 풍속을 보면 설에 하는 것과 유사하다. 또 팥죽의 새알은 태양의 부활을 상징하는 것이며, 팥죽의 팥색 역시 태양의 빛과 불을 상징한다. 그렇기 때문에 팥죽을 뿌리면 삿된 것이 물러난다는 벽사의 믿음이 존재하는 것이다.

동지 때 사찰에서는 모든 삿된 기운을 물리치고 바른 양기를 북돋을 수 있도록 기도를 한다. 이를 동지 기도라고 하는데, 자칫 흐트러지기 쉬운 한 해의 마지막을 조금이라도 경건하게 바로잡을 수 있다는 점에서 무척 소중하다.

이 외에도 윤달과 관련된 것이 있다. 윤달은 4년에 한 번씩 돌아오는데, 전통적으로 이때는 비정기적인 달이라고 해서 이익과 손해가 없는 공망空亡으로 이해된다. 손익이 없으므로 윤달에 묏자리를 손보거나 옮기고, 수의나 장지를 미리 갖추기도 한다. 즉 부정 타기 쉬운 일들을 처리하는 것이다. 불교에서는 이때 주체적으로 복을 쌓고 선으로 나아갈 수 있도록 하는데, 이것이 윤달 삼사 순례와 예수재 및 가사 불사다. 윤달 삼사 순례는 정초의 성지 순례 및 방생과 비슷한데, 명찰을 세 군데 다닌다는 점에서 다르다. 또 예수재는 윤달에 수의와 장지를 마련하는 것과 같이, 자신의 천도재를 미리 지내는 것이다. 문제에 대한 사전 예방 조치라고 이해하면 되겠다. 그리고 가사 불사는 스님들의 가사를 만들도록 보시를 해서, 이렇게 십시일반으로 만들어진 가사를 스님들에게 올리는 것이다. 가사는 복을 짓는 데 무엇보다도 유용하다고 해서 복전의라고 하기도 하고, 또 공덕이 많이 산출된다고 해서 공덕의라고도 한다. 즉 가사 불사를 통해 복과 공덕을 쌓는 행위인 것이다.

이렇게 보면 윤달이라는 추가된 한 달을 우리의 전통에서는 문제를 해소하는 방식으로 활용했고, 불교는 복과 공덕을 산출하는 좋은 기회로 삼았다는 것을 알 수 있다. 즉 전통문화가 악을 줄이는 소극적인 방식이라면, 불교는 선을 늘리는 보다 적극적인 방식이라고 할 수 있는 것이다.

초하루와 보름

불교에는 한 해와 관련된 중요한 명절만 있는 것은 아니다. 기독교가 일요일에 종교 행사를 하는 것과 같이 불교에도 정기적으로 절에 가는 날이 있다. 이것이 바로 초하루와 보름이다. 과거에는 농경 사회였기 때문에 달에 대한 숭배가 강했다. 그러다 보니 초하루와 보름이라는 달의 변화와 관련된 종교 출석일이 존재했던 것이다.

초하루와 보름은 달의 시작과 변화의 기점이다. 이때를 맞아 몸과 마음을 재계해 바로 하는 것이 초하루와 보름에 기도하는 의미다. 즉 한 달에 두 번은 자신을 바루어 곧게 하려는 노력인 것이다. 초하루와 보름을 보는 것은 불교 이전의 인도 전통에 있던 풍습이었으며, 원래는 초하루와 보름이 아니라 보름과 그믐이었다. 이를 백월과 흑월이라고 했다. 이 중 그믐인 흑월이 동아시아로 넘어와서는 신월인 초하루로 바뀐 것이다. 그러나 의미적으로 큰 차이는 없다.

이 외에 사찰에 따라 관음재일이라고 해서 매월 음력 24일에 관세음보살을 찬탄하고 소망성취를 기원하는 기도를 올린다. 이는 관세음보살의 자재하고 자비로운 서원에 의지해 우리의 현실적인 문제들을 해결하고 싶은 간절한 소망의 투영이다. 또 매월 음력 18일인 지장재일에 기도하는 곳도 있다. 지장보살은 지옥의 중생들을 구제하고 유산한 아이나 어린아이 때 죽은 영혼들을 도와주는 보살이다. 물론 이외에도 지장보살은 역할이 많은데, 한국불교에서는 보통 이 같은 부분에서만 이해된다. 또 사찰에 따라 지장회가 결성되기도 하는데, 이는 대부분 연세가 많으신 어른들이 자신의 죽음복을 미리 닦는 정도로 이해하면 되겠다.

관음재일과 지장재일 외에도 십재일과 같이 여러 기념일이 더 있지만, 현재 한국 사찰에서는 앞에 열거한 정도가 실행된다. 즉 초하루와 보름만 기도하는 곳과 여기에 관음재일이나 지장재일을 추가한 곳, 그리고 두 재일을 모두 더해 네 번 기도하는 곳이 있다고 이해하면 되겠다. 이렇게 해도 매주 일요일 교회를 가는 것과 횟수 면에서는 차이가 없다. 절에 가는 날은 음력을 기준으로 하기 때문에 자꾸 바뀐다. 그런데 최근에는 주로 양력 달력을 사용하는데다 농사를 지어서 음력을 잘 아는 분이 적기 때문에 절에 가는 날을 깜빡 잊는 분들이 많다.

사십구재와
천도재

불교 추선 의식의 특징

사찰에서 하는 종교 의식은 크게 세 가지로 나눌 수 있다. 첫째는 붓다와 관련된 예불과 공양, 둘째는 신도와 관련된 기도, 끝으로 망자와 관련된 추선追善 의식이다. 이 중 첫째와 둘째가 일상 의례라면 셋째인 추선 의식은 특수 의례다. 추선 의식의 핵심은 돌아가신 분이 선한 공덕을 쌓도록 해서 천상이나 극락세계로 가게 하는 것이다.

불교는 기독교나 이슬람교와 같은 절대 신을 믿는 종교가 아니다. 그러므로 구원은 신의 판단이나 붓다에 의해 이루어지지 않는다. 모든 구원은 스스로가 선을 쌓아서 그 힘으로 이루어지는 것이며, 불교는 가장 효율적인 방법을 가르쳐 줄 뿐이다. 이것을 대학 입시에 비유하자면, 절대 신을 믿는 종교에서의 구원은 부정 입학이다. 반면 불교는 족집게 과외에 해당한다고 하겠다. 족집게 과외로 최선의 방법을 가르쳐 주기는 하지만 결국 자력으로 문제를 해결하게끔 한다는 점에서 신에 의존하는 타력 종교와는 다른 것이다. 이런 점에서 모든 불교의 추선 의식은 자력적이다.

추선 의식은 특수한 개인에게 한정되기 때문에 일상 의례가 될 수 없고 부정기적일 수밖에 없다. 이러한 추선 의식으로는 일반적으로 기제사와 사십구재 그리고 천도재가 있다.

제와 재의 차이

불교와 유교의 의례 중 일반적으로 가장 혼란스러워하는 부분이 제와 재를 구분하는 법이다. 이 두 글자는 한글과 한자가 모두 다르지만 발음이 같기 때문이다. 예전에 유교의 제는 '좨'로 발음했다. 그래서 지금도 잘 관찰해 보면 연세가 많은 어르신들은 제사 주관자를 제주라고 가볍게 발음하지 않고 '좨주'라고 무겁게 발음하는 것을 들을 수 있다. 정확히 말하자면 제와 좨의 중간으로 발음한다고 보면 되겠다. 물론 현재로는 이 발음을 효율적으로 전수할 수 없기 때문에 제로 통일된 상황이다. 이렇게 되자 발음만으로는 제와 재, 양자를 구분할 수 없게 됐다.

우리가 제사라고 할 때의 제는 망자에게 음식을 제공하는 것이 주된 의식이다. 많은 육류를 진설하고, 이것을 망자가 드신 후에 상물림해 다시금 후손들이 먹음으로써 공동체 의식을 강화하는 것, 이것이 바로 제사이다.

제사에 좋은 음식을 차린다는 것은 '제삿날 잘 먹으려고 열흘을 굶는다.', '가난한 집 제사 돌아오듯', '먹지도 못하는 제사에 절만 죽도록 한다.', '제사를 도와준 자는 맛보고 싸움을 도와준 자는 상한다.', '공연한 제사 지내고 어물 값에 쪼들린다.', '제사 덕에 이밥(쌀밥)이다.' 같은 속담을 통해서도 쉽게 알 수 있다.

그러나 불교의 재는 음식 제공이 핵심이 아니다. 가르침을 통한 관점의 전환과 공덕을 쌓는 것이 핵심이다. 재의 인도 말은 우포사타uposadha인데 이는 몸과 마음을 청정히 한다는 의미다. 우리가 흔히 사용하는 목욕재계에서와 같은 의미로, 몸과 마음가짐을 올바로 한다는 정도로 이해하면 되겠다. 그러므로 재 의식에는 『금강경』을 독송하거나 큰스님 법문 등이 포함되는 것이다. 물론 불교의 재에도 음식을 공양하는 부분이 있다. 이는 음식을 줘서 혹시라도 있을 수 있는 주림의 문제를 해결한 다음 가르침을 설하기 때문이다. 사실 불교의 재에서 음식을 올리게 된 것은 불교가 유교 문화 위에 수용되면서 이것을 넘어서려는 차원에서 재를 발전시켰기 때문이다. 즉 유교에서는 음식만 주지만 우리는 음식을 주고 그 위에 가르침도 준다는 식인 것이다.

그런데 이러한 융합과 접근이 양자의 구분을 더욱 혼란하게 만드는 한 요인이 되었다. 그래서 잘 모르는 분들은 불교의 재를 불교화한 제사쯤으로 이해하기도 한다. 또 실제로 고려 때까지는 사찰에서 제사를 많이 지내고 또 재도 올리다 보니 이 같은 혼란이 더 심각해진 것으로 이해된다. 유교가 종교로서 기능을 상실한 현대 사회에서는 사찰에서 제사를 모시는 경우가 늘고 있다. 그러나 제사는 불교에 위탁된 것이지 불교의 것은 아니라는 점을 분명히 알아 둘 필요가 있다. 일부 스님들 사이에서는 제사를 재사로 바꾸는 것이 어떠냐고 하지만 이는 양자의 기원과 내용이 완전히 다르다는 점에서 전혀 불가능한 논의일 뿐이다.

왜 사십구재이고 왜 천도재인가

한국불교의 대표적인 재 의식으로는 사십구재와 천도재가 있다. 양자는 비슷하지만 많은 차이가 있다. 사십구재는 사람이 사망한 뒤 이레에 한 번씩 총 일곱 번을 진행한다. 그래서 $7 \times 7 = 49$ 해서 사십구재가 된다. 서북 인도에서 흥기한 설일체유부라는 부파불교 시대의 가장 대표적인 불교학파에서는 인간이 죽은 뒤부터 윤회하는 기간을 49일로 보았다. 이것이 재 문화와 결합돼 사십구재라는 인식이 완성된 것이다.

인간이 깊은 꿈을 꾸면 잠깐 잠이 깼다가 다시 잠 들어도 같은 꿈이 이어지게 마련이다. 심한 경우에는 비몽사몽간에 화장실을 다녀와도 꿈이 연결되는 경우도 있다. 그러나 잠이 드는 초기에는 작은 변화만으로도 꿈이 바뀐다. 미국의 한 심리학자는 꿈을 연구하기 위해 잠든 사람의 얼굴에 스포이드로 물을 계속해서 한 방울씩 떨어트리는 실험을 했다. 그러자 실험군은 물과 관련된 꿈을 꾸는 빈도가 압도적으로 높아졌다고 한다. 이 실험은 잠들기 전의 상황이 꿈과 쉽게 연관될 수 있음을 보여준다.

사십구재를 올리는 모습.

사람이 처음 죽으면 마치 잠드는 순간처럼 변화의 여지가 있고, 이 부분에서 종교적인 올바른 가르침을 줌으로써 상황을 좋은 쪽으로 바꿔보자는 것이 바로 사십구재다. 즉 사십구재 기간 동안 죽은 사람은 형이 확정되기 전의 미결수와 같아서 상황에 따른 여러 변화가 가능하다는 것이다. 티베트의 『사자의 서』라는 책도 이 같은 인식을 바탕으로 한 것이다.

이에 반해 천도재란 기결수에 대한 특별 사면과도 같은 것이다. 즉 49일 이전에는 천도재는 원칙적으로 불가능하며, 49일이 넘어 윤회가 완료된 상태에서 문제가 있는 부분에 변화를 주려는 것이 바로 천도재다. 그러므로 천도재는 사십구재에 비해 망자의 변화 폭도 좁으며, 일도 더 어렵다. 미결수의 문제를 조정하는 것과 기결수를 특별 사면하는 일 중 어떤 것이 더 힘들겠는가를 생각해 보면 이해가 쉬울 것이다.

이 외에 불교의 재로는 합동 천도재에 해당하는 우란분절의 우란분재
가 있다. 최근 들어 이 의식이 사십구재처럼 일곱 번 하는 것으로 변했지만,
원칙적으로는 한 번에 마쳐야 한다. 만일 일곱 번 한다 해도 그것은 사십구
재가 아니라 일곱 번의 천도재라고 하는 것이 맞다.

이를테면 사십구재는 항소와 상고를 통해 형량을 낮추고 조절하는 것
이라고 이해하면 된다. 그러나 49일이 지난 상황에서는 최종심이 선고된 상
태이기 때문에 어떠한 항소와 상고도 이루어질 수 없다. 그래서 우란분재는
어떠한 이유에서도 사십구재가 될 수 없고 천도재인 것이다.

재 의식 중에는 우란분재 말고도 4년에 한 번씩 돌아오는 윤달에 시행
하는 윤달예수재가 있다. 또 과거에는 국가가 주도하는 대규모 종교 행사였
던 국행수륙재와 유네스코 세계무형문화유산인 영산재도 있다. 이와 같은
재 의식은 너무나 규모가 거대하고 시일이 오래 걸리기 때문에 본사급 사찰
에서도 쉽게 시행하지 않는다. 그러므로 윤달예수재까지만 알아 두면 큰 문
제는 없다.

한국불교의 종파와 종단 그리고 차이

우리나라 사람들은
흔히 불교 하면 독신의
수행자 이미지를
떠올린다. 하지만 꼭
그런 건 아니다.

한국의 대표 불교
종단인 조계종의
승려가 결혼을 하지
않기 때문에 불교
전체의 이미지가 되어
버렸다.

우리나라에는 조계종
이외에도 다른 수많은
종단이 있다. 이들은
결혼 유무는 물론
수행법의 차이가 있는
경우도 있다.

한국불교의 종파와 종단

조선 시대까지의 종단

　중·고등학교 교과서에서도 오교·구산이라고 나오듯 신라말을 거쳐 고려 초기에 이른 불교는 크게 교종과 선종으로 나눠졌다. 또 이 교종과 선종에 속하는 다양한 종파, 즉 학파들이 존재했다. 이를 언급해 보면 오교는 ① 열반종涅槃宗 ② 계율종戒律宗 ③ 법성종法性宗 ④ 화엄종華嚴宗 ⑤ 법상종法相宗(유가종)이며, 구산은 ① 실상산문實相山門 ② 가지산문迦智山門 ③ 사굴산문闍堀山門 ④ 동리산문桐裏山門 ⑤ 성주산문聖住山門 ⑥ 사자산문師子山門 ⑦ 희양산문曦陽山門 ⑧ 봉림산문鳳林山門 ⑨ 수미산문須彌山門이다. 교종은 경전과 교리를 공부하는 학파이므로 도시를 중심으로 위치했고, 선종은 참선 수행을 위해 주로 산에 자리를 잡았기에 산과 관련된 것을 명칭으로 삼

왔다. 그러나 불교가 번성한 시절에는 오교구산 외에도 훨씬 더 많은 종파들이 있었고, 또 이들 오교구산 역시 전 시대를 거쳐 계속 존재했던 것은 아니다. 즉 한국불교사는 여러 종파의 명멸과 이합집산으로 전개되었다고 이해하면 되겠다. 또 이러한 오교구산 이외에 주목할 수 있는 종파는 선종 계열의 천태종과 밀교의 신인종 그리고 염불을 하는 정토종이 있다.

그러나 조선조의 숭유억불기로 들어서면서 불교의 각 종파들은 정권의 효율적인 관리와 축소 노력에 의해 강제로 통폐합된다. 태종은 당시 유력한 ① 조계종 ② 총지종 ③ 천태소자종 ④ 법사종 ⑤ 화엄종 ⑥ 도문종 ⑦ 자은종 ⑧ 중도종 ⑨ 신인종 ⑩ 남산종 ⑪ 시흥종, 열한 개 종파를 ① 조계종 ② 천태종 ③ 화엄종 ④ 자은종 ⑤ 중신종 ⑥ 총남종 ⑦ 시흥종의 일곱 개 종파로 축소한다. 이것이 세종 시대에 오면 다시금 선종과 교종으로 합쳐진다. 이렇게 뭉뚱그려서 전개된 것이 바로 조선의 불교인데, 이러한 두 종파마저 얼마 지나지 않아 한데 뒤섞이면서 선교양종이라는 하나의 단일한 불교 모습을 갖춘다. 그러나 말은 선교양종 하나로 통합됐지만 더 강력한 것은 선종이었으므로 실질적으로는 선종이 교종을 흡수 통합한 정도라고 이해하면 되겠다.

일제 강점기의 종단

조선 후기의 불교는 형식상 하나의 불교였기에 종파 이름이 별도로 없었다. 분별해야 할 대상이 없으니 별도의 명칭이 필요하지 않았던 것이다. 그러다가 일제 강점기가 되면서 일본불교에 대당하는 한국불교의 명칭이 필요하게 된다. 이 과정에서 여러 종단명이 거론되다가 최종적으로 결정된 것이 선종을 가리키는 총체적 명칭인 조계종이다.

　또 일제 강점기 때는 일본의 결혼하는 불교, 즉 대처승 문화가 국내로 들어와 승려들이 결혼하는 풍토가 있었다. 이들이 해방과 더불어 비구승, 즉 독신으로 사는 승려들과 갈라지면서 태고종을 형성한다. 즉 독신의 조계종과 결혼하는 태고종이 존재하게 된 것이다.

　조계종을 제외한 모든 불교 종단은 해방 이후에 만들어진 신생 종단이다. 또 이때부터는 종파가 아니고 종단이라는 명칭을 사용한다. 즉 현대의 천태종이나 진각종 등은 모두 조선 초기까지 존재했던 천태종이나 신인종을 계승하려는 의미에서 현대에 만들어진 신흥 종단인 것이다. 그리고 원불교는 불교라는 명칭을 사용하기는 하지만 불교가 아닌 신흥 종교이다. 즉 천태종이나 진각종이 신흥 종단이라면 원불교는 종단이라는 범주에 속하지 않는 신흥 종교인 것이다. 그렇기 때문에 전통 사찰과 불교문화재의 절대 다수가 조계종에 존재하는 것이며, 조계종에서 분리된 태고종에 일부 존재하는 정도이다. 그 이외의 종단이나 원불교에는 유서 깊은 전통 사찰이나 불교문화재가 존재할 수 없다.

조계종과
여타 종단

조계종과 태고종

한국불교에서 전통을 계승하는 종단은 조계종과 태고종 단 둘 뿐이다. 본래는 하나의 선불교 전통을 간직했던 조선불교는 일제 강점기 일본의 대처승 문화의 유입으로 변질된다. 이것이 해방 이후에 효율적으로 봉합되지 못하고 잡음을 내다가, 1970년 대처승들을 중심으로 한 태고종이 분기되면서 한국불교에는 다종단 시대가 열린다.

조계종은 '달마도'로 유명한 인도 승려 달마가 전한 인도불교의 선 수행법과 이를 계승해 집대성한 중국 남쪽의 광동성 출신 육조 혜능의 가르침을 중심으로 한 선종이다. 이를 남쪽의 선종이라고 해서 남종선이라고 하는데, 혜능이 오래도록 주석하면서 가르침을 편 곳이 소주韶州의 조계산 보림사(南華禪寺)다. 조계종이라는 명칭은 바로 이 산의 이름을 딴 것이다.

선종은 산을 터전으로 삼아 참선을 주로 했기 때문에 산명을 종파명으로 쓴 경우가 많았다. 이는 앞에서 설명한 구산선문의 예에서도 확인된다. 즉 조계종이란 혜능의 가르침을 따르는 종파라는 의미로 이 명칭은 일찍이 고려에서부터 살펴진다. 이것이 일제 강점기를 지나면서 한국불교를 가리키는 명칭이 된 것이다.

조계종은 종단의 명칭이 나타낸 것처럼 참선 수행을 위주로 한다. 그래서 조계종의 큰 사찰들에는 참선을 전문으로 하는 기관인 선원이 있다. 참선이란 화두라는 풀리지 않는 문제를 통해 자신의 본성을 반조하며 자기를 찾는 수행법을 의미한다. 즉 자신의 마음을 맑히는 수행이 중심인 것이다. 한국불교에는 사람이 죽으면 염라대왕이 '선방 문고리는 잡아봤냐?'고 묻는다는 말이 있다. 이는 조계종에서 참선을 특별히 높이기 때문에 만들어진 말이다.

또 혜능의 스승인 홍인이 『금강경』의 가르침을 널리 폈고, 또 혜능 역시 『금강경』의 구절을 통해 깨달음을 얻었기에 조계종에서는 중심 경전으로 『금강경』을 사용한다. 즉 참선을 주로하고 『금강경』의 가르침을 강조하는 것이 조계종인 것이다. 조계종은 현존하는 전통 사찰의 절대 다수를 보유하며, 적갈색 가사를 착용한다. 또 반드시 독신으로 생활한다.

태고종은 고려 말 공민왕 시절에 왕사와 국사를 지낸 태고 보우라는 스님을 시조로 한다. 조선 중기에 이르면 조선불교는 종조를 태고 보우로 보는 경향이 발생한다. 이를 차용해 일제 강점기 대처승들이 자신들의 정통성을

295

한국불교의 종파와 종단 그리고 차이

강조한 것이 바로 태고 보우를 중심으로 한 태고종이다.

그러나 태고종 스님들은 가정을 이루고 살다 보니 참선을 위주로 한 수행을 하기에는 어려움이 있었다. 그래서 염불이나 불교의식 같은 불교의 전통문화에 보다 주력하는 종단으로 발전한다. 즉 참선보다는 불교의 전통문화를 계승하는 기능인이자 예술인의 모습을 더 강하게 보이게 된 것이다. 실제로 태고종이 전승한 영산재는 2009년 9월 강강술래·남사당놀이·제주칠머리당영등굿·처용무와 더불어 유네스코 세계무형문화유산에 등재되었다. 영산재는 서울 서대문구에 위치한 봉원사를 중심으로 유지·전승되고 있다.

태고종에는 규모가 작은 개인이 창건한 사찰들이 많다. 태고종 승려들은 붉은색으로 가사 중앙에 일월광이라고 하는, 태양과 달을 상징하는 문양이 새겨진 가사를 착용한다. 반드시 독신이 아니어도 무방하기 때문에 수행자보다는 직업적인 종교인의 모습이 강하다.

조계종의 조직 구조

우리나라 사람들은 흔히 불교 하면 독신의 수행자 이미지를 떠올린다. 하지만 실질적으로 조계종 외의 종단들 대다수에서는 승려들이 결혼을 한다. 즉 조계종의 대표성이 너무 크기 때문에 이것이 곧 불교 전체의 이미지를 좌우한다는 말이다.

그러므로 한국불교 종단의 구조를 검토하는 것도 조계종을 대상으로 할 수밖에 없다. 현재 조계종의 전체 구조에서 최상위에는 종정이 있다. 이

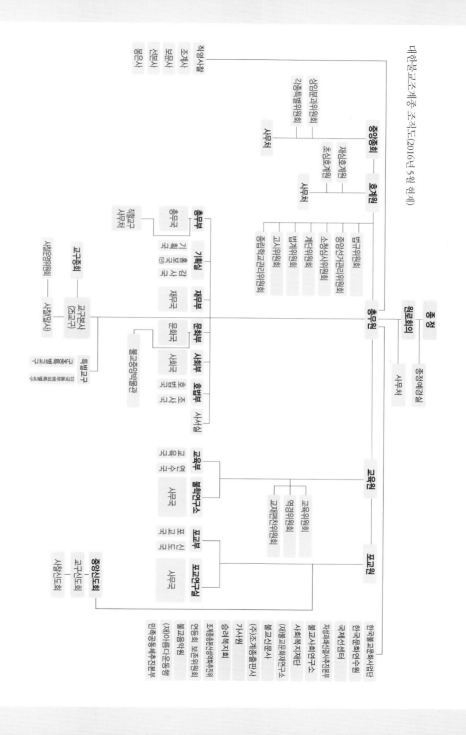

대한불교조계종 조직도(2016년 5월 현재)

종정

원로회의
├ 중정예경실
└ 사무처

중앙종회
├ 직영사찰
│ 조계사
│ 보문사
│ 선본사
│ 봉은사
├ 성임판위원회
│ 각종특별위원회
├ 사무처
└ 호계원
   ├ 재심호계원
   └ 초심호계원
      └ 사무처

총무원
├ 발급위원회
├ 중앙선거관리위원회
├ 소청심사위원회
├ 개운위원회
│ 법계위원회
├ 고시위원회
│ 종립학교관리위원회
├ 총무부
│ 종무부
│   직할교구
│   사무처
│ 기획실
│   기획국
│   재무국
│ 재무부
│   재무국
│ 문화부
│   문화국
│   사회국
│   호법부
│   조사
│   사서실
├ 교구종회
│ 교구본사
│ (25교구)
│   사원평가위원회
│   사원대책위
│ 특별교구
│   군종특별교구
│   해외특별교구
│ 불교중앙박물관

교육원
├ 교육위원회
├ 역경위원회
├ 교재편찬위원회
├ 교육부
│ 교육국
│ 연수국
│ 사무국
└ 불학연구소

포교원
├ 포교부
│ 포교국
│ 신도국
│ 사무국
└ 포교연구실
   └ 중앙신도회
      교구신도회
      사찰신도회

한국불교문화사업단
한국문화연수원
국제선센터
자성과쇄신결사추진본부
불교사회연구소
사회복지재단
(재)불교문화재연구소
불교신문사
(주)조계종출판사
가사원
승려복지회
조계종총무원성보존집관
연등회 보존위원회
불교방송
(재)아름다운동행
민족공동체추진본부

는 영국의 국왕처럼 다분히 상징적이다. 그 아래에 원로회의라는 원로원이 있는데, 이 역시 불교의 최고 어른이라는 상징성을 띤 자리다. 이 원로회의에서 종정을 선출한다.

그 하부에 국가의 입법부·사법부·행정부에 해당하는 기구로 중앙종회와 호계원 그리고 총무원이 있다. 중앙종회는 일종의 국회 같은 입법기구로 국회의원에 해당하는 종회의원이 소속돼 있다. 호계원이란 종단의 법령 등을 현대의 상황에 맞도록 재조정하고 조계종 소속 승려들에게 문제가 발생한 경우 이를 심리한다.

그러나 종단의 핵심은 우리나라의 국가 구조와 마찬가지로 행정부라 할 수 있는 총무원에 있다. 총무원의 책임자는 총무원장인데, 이는 영국 국왕을 종정이라고 할 때 수상에 해당하는 역할로 실질적인 실무 대표자다.

총무원 산하에는 본사가 일곱 개의 국 체제를 갖춘 것처럼 총무부·기획실·재무부·문화부·사회부·호법부로 구성된 여섯 개의 조직이 있다. 본사에 비해 오히려 부서가 하나 적은데, 이는 교육과 포교 영역을 확대해야 한다는 필요성에 의해 1994년에 이 부서들을 독립(별원화)시켰기 때문이다. 이 같은 구조는 본사에 선원과 승가대학이 존재하는 구조와 유사하다. 즉 총무원을 중심으로 교육원과 포교원이 존재하는 것이다. 교육원은 본사의 교무국 같은 역할을 하는 곳으로 조계종 승려들의 교육을 전담한다. 포교원은 종단 내외의 포교를 관리하고 담당한다.

이렇게 보면, 일종의 행정부 조직 안에 총무원과 교육원·포교원이 있는 셈인데, 이를 삼원이라고 한다. 그리고 총무원장과 교육원장·포교원장을 삼원장이라고 칭한다. 그러나 그 중심은 총무원에 집중돼 있다. 즉 조계종의 행정 수반은 총무원장인 것이다.

천태종과 진각종

천태종은 중국 수나라 때 지의가 천태산에서 개창한 중국불교다. 이것을 후일 대각국사 의천이 고려로 들여온 것이다. 이렇게 이식된 천태종은 발전을 거듭해 조계종·화엄종·법상종과 어깨를 견주는 굴지의 종파로 거듭난다. 그러나 이런 천태종 역시 조선 초기의 통폐합이라는 파고를 넘지 못하고 역사 속으로 사라진다.

현대의 천태종은 상월 조사가 1967년 태백산 구인사에서 시작한 새로운 불교다. 전통과의 연결과 사상적 발전을 위해 천태종이라는 과거의 명칭을 차용해 종단 명칭으로 삼은 것이다. 그러나 천태종은 사상적으로는 지의의 가르침을 추구하지만, 신앙적으로는 관세음보살을 중심으로 모시며 '관세음보살' 염송, 즉 정근을 위주로 한다.

천태종은 구인사라는 하나의 사찰에서 시작돼 점차 여러 대도시로 발전해 나간다. 그러므로 중앙의 집중적 지원 아래 도심에 큰 사찰들을 두고 있다. 한국불교에서 천태종의 위상은 조계종 다음이다. 천태종 승려들은 용무늬를 수놓은 붉은색 가사를 착용한다. 또 인도 신화에서 벼락을 상징하는 무기인 '금강저'를 대표적인 상징물로 사용하는 특징이 있다.

다음으로 진각종은 1953년 회당 종사가 대구에서 새롭게 제창한 밀교 계통의 종단이다. 밀교는 비밀불교를 뜻한다. 이들은 종교 의식과 진언(만트라) 및 수인이라는 손동작(무드라)을 통해 깨달음에 이르는 방법을 주장하며 신통과 이적을 펼친다. 신인종이나 총지종 같은 경우가 밀교에 속하는 대표적인 종파였다. 진각종은 이 같은 밀교적 전통을 표방하는 종단인 것이다.

그러나 진각종은 불교의 범주 안에 있지만 전통 불교보다 신흥 종교에 가깝다. 그렇기 때문에 삭발을 하지도, 승복을 입지도 않는다. 또 스님 대신 정사라는 호칭을 쓰며 결혼도 가능하다. 가톨릭의 신부처럼 단체복을 착용하는 성직자로 이해하면 되겠으며, 한국불교에서 교세는 조계종과 천태종 다음을 차지한다.

원불교와 새로운 불교

원불교는 불교적 관점을 표방하는 신흥 종교다. 구한말, 전통적 동양 사상인 유·불·도 삼교는 각각 새로운 관점에서 재탄생한다. 유교는 동학으로, 불교는 원불교로 그리고 도교는 증산도로 재탄생한 것이다. 원불교는 신흥 종교이기 때문에 원불교 창시자인 박중빈은 종파나 종단을 시작한 조사가 아니라 붓다나 공자와 같은 교조가 된다.

원불교에서는 박중빈이 깨달은 1916년을 교단의 시작으로 삼으며, 현재의 익산시에서 발전했다. 원불교는 동그란 원상을 진리의 상징으로 삼기 때문에 이 같은 명칭을 갖게 됐다. 구한말에 태동한 종교들은 민족 종교적

색채가 강하다. 그 영향으로 원불교 성직자들 역시 구한말에 개량된 한복을 입는다. 또 삭발을 하지 않으며 스님 대신 교무라는 호칭을 쓴다. 가사 대신 일본불교에서 유래한 간이용 가사인 낙자와 유사한 의식복 위에 원상을 수놓아 착용한다. 또 성직자의 결혼은 자유이지만, 결혼하지 않는 것을 우대하는 문화가 있다. 결혼하지 않은 교무 남성은 정남, 여성은 정녀라고 부른다. 청정한 남성과 청정한 여성이라는 의미다. 특히 여성은 결혼하지 않는 것이 암묵적인 원칙이기에 여성 성직자는 대부분 정녀로 보면 된다. 끝으로 원불교는 불교·개신교·가톨릭과 더불어 한국의 4대 종교로 불리는 동시에 구한말에 대두한 종교 중 가장 안정된 기반을 확보한 종교다.

이 외에 남방불교와 티베트불교 및 틱낫한 스님 등 외래적 요소가 현대 한국불교에 적지 않은 영향을 주고 있다. 남방불교는 인도에서 스리랑카를 거쳐 동남아로 전파된 불교다. 미얀마에서 20세기 초 위빠사나라는 개량된 수행법이 정립되면서 미얀마를 중심으로 수행 문화가 형성된다. 위빠사나는 더운 기후에서 발생한 관조의 문화를 바탕으로 발전한 붓다의 수행법 중 하나다. 이것을 미얀마에서 개량해 현대인도 쉽게 다가갈 수 있는 길을 열어 유행하게 되었다. 위빠사나는 호흡과 일상을 관조하는 수행법으로, 더운 지방 특유의 느리고 의식을 분절해 해체하는 방법을 사용한다.

티베트불교는 1950년 중국에 의해 무력으로 공산화되는 과정에서 망명을 떠난 승려들을 통해 세계로 전해졌다. 티베트불교는 인도불교의 최후 모습인 밀교를 간직하고 있으며, 1989년 노벨평화상을 수상한 14대 달라이

라마를 통해 더욱 교세를 확장하고 있다.

티베트불교는 인도의 후기 밀교로 신라 시대 이래 우리나라에 전파된 밀교와는 다르다. 물론 우리나라 역시 고려의 원 간섭기에 티베트 라마불교의 영향을 받은 부분이 있다. 그러나 동아시아 전통에서는 인도적 밀교보다 중국적 선종이 언제나 주류의 위치를 차지했다.

현대의 티베트불교는 자비심을 강조하는 동시에 밀교 특유의 개인에 대한 관심이 강하다. 이는 유럽과 미국 상류층을 중심으로 불교가 세계적으로 확대되는 결과를 낳았다. 전 세계적으로 종교 인구는 줄고 있으며, 가톨릭과 개신교의 감소폭은 상당하다. 그러나 불교는 오히려 서구를 중심으로 늘고 있으며 그것도 상류층에서 확산되고 있는데, 이는 대부분 달라이 라마가 이끄는 티베트불교의 영향 때문이다. 즉 세계에서 가장 영향력이 있는 불교는 티베트불교라고 해도 과언이 아닌 것이다. 이 같은 영향으로 우리나라에도 달라이 라마와 관련된 많은 저술들이 번역돼 티베트불교 신자 규모가 확대되고 있다.

끝으로 우리의 조계종 같은 동아시아 선종을 개량해 세계화한 인물이 바로 베트남 출신의 틱낫한 스님이다. 틱낫한이란 이름은 한자로 석일행釋一行으로 선종의 선사다. 틱낫한 스님은 전통적인 선 수행 방법이 현대인들에게 쉽게 다가가지 못한다고 인식, 수행법에 변화를 줘 명상을 통해 세계적인 영향을 확대하고 있다.

틱낫한 스님은 프랑스 보르도 지방에 위치한 프럼빌리지(자두마을)에서 자신의 수행 공동체를 운영하고 있다. 또 쉽고 설득력 있는 다양한 책을 통해 막대한 영향력을 확보하고 있다. 우리나라에서도 2002년 최대의 베스트셀러 중 하나였던 『화』를 필두로 『기도』·『오늘도 두려움 없이』 등 틱낫한 스님의 책이 수십 종이 출간돼 삶에 지친 많은 이들에게 잔잔한 위안과 감동을 주고 있다.

스님의 비밀

초판 1쇄 펴냄 2016년 5월 30일
3쇄 펴냄 2017년 11월 30일

글   자현
사진   석공·불교신문사

발행인   전설정
편집인   김용환
출판부장 최승천
디자인   이연진
마케팅   김영관

펴낸곳   조계종출판사
        서울 종로구 삼봉로 81 두산위브파빌리온 230호
        전화 02-720-6107~9 ǀ 팩스 02-733-6708
        홈페이지 www.jogyebook.com
        출판등록 제300-2007-78호(2007. 04. 27.)

ⓒ 자현·석공·불교신문사, 2016
값 17,000원
ISBN 979-11-5580-075-1 03220